« J'aimerais bien pouv[illegible]
pasteurs, anciens ou r[illegible]

que je rencontre dans mon ministère de mobilisation pour la mission. J'aime la vision claire et biblique du rôle et de la responsabilité de l'Église locale dans la mission mondiale. »

PHILIPPE HUTTER, chargé de mobilisation, SIM France-Belgique

« Ce livre est très facile à lire. Il est concis, précis et complet. Il donne un véritable aperçu biblique de la mission. J'apprécie comment Andy Johnson replace l'Église locale là où elle devrait être dans le processus et l'accompagnement missionnaires. Étant moi-même missionnaire, je me suis totalement reconnu dans les différents exemples qu'il donne. J'encourage vraiment les responsables d'Églises dans la francophonie à lire ce livre. »

BENJAMIN SHORT, missionnaire avec SIM France-Belgique en Afrique de l'Ouest ; membre du réseau Acts 29

« Ce livre est bienvenu pour les lecteurs francophones qui manquent aujourd'hui cruellement d'ouvrages sur le sujet souvent délaissé du rôle fondamental de l'Église locale dans la mission transculturelle. Ce petit livre très accessible, à la fois ancré dans la Parole de Dieu et profondément pratique, reflète l'expérience, la sagesse et la sensibilité pastorale d'Andy Johnson.

Quantité de réflexions très concrètes nous aident à baliser le terrain ; elles portent notamment sur l'identification, la formation, l'envoi et le soutien des missionnaires, les caractéristiques d'un partenariat sain entre l'Église locale et le missionnaire, et une réflexion pertinente portant sur les voyages à court terme. Un ouvrage excellent pour évaluer notre théologie et notre pratique de la mission que les tous les responsables d'Églises devraient lire et dont tous les chrétiens pourraient tirer profit. J'espère de tout cœur qu'il contribuera à susciter un nouvel élan missionnaire dans nos Églises d'Europe francophone pour la seule gloire de Dieu. »

PIERRE KLIPFEL, directeur émérite de l'Institut Biblique de Genève, responsable des stagiaires transculturels et enseignant dans le cadre de formations décentralisées en Afrique francophone depuis près de 25 ans

« Placer l'Église au centre de la mission mondiale tout en plaçant la mission mondiale au centre de l'Église : voici la prouesse réussie par Andy Johnson dans cet ouvrage clair et pertinent pour l'Église aujourd'hui, partout dans le monde ! »

GILLES BONVALLAT, missionnaire et directeur de l'AIM International en Francophonie

« Un des plus grands défis de l'enseignement de la missiologie transculturelle consiste à déconstruire les préjugés sur la mission et à apporter une fondation biblique solide. Andy Johnson le réalise avec succès, plaçant la Parole au cœur de son exposé et l'Église au centre de la démarche. Il montre ainsi que l'Église locale, animée par le Saint-Esprit, constitue une communauté missionnaire, chaque individu devenant alors un acteur potentiel de la mission. L'auteur apporte un éclairage sur l'Église locale à la fois comme laboratoire missionnel dans sa propre localité, pépinière de missionnaires transculturels et tremplin pour la mission auprès des nations. »

THIERRY MIRONNE, directeur des Ministères Holistiques, Encompass World Partners

« "Si la mission existe, c'est parce que l'adoration n'existe pas." Je me souviens de la première fois où j'ai lu cette phrase dans le livre *Que les nations se réjouissent !* de John Piper. Ce livre a allumé un feu ardent dans mon âme qui m'a conduit vers l'œuvre missionnaire. Toutefois, je ne comprenais pas encore le rôle essentiel de l'Église locale concernant la mission. Dans ce livre, Andy Johnson comble le vide que Piper a laissé dans son livre. Il pose les fondations d'une vision de la mission qui est en accord avec celle de John Piper, et il nous montre comment l'Église locale est au centre du plan de Dieu pour atteindre les nations. Tous ceux qui envisagent d'envoyer des missionnaires ou qui désirent aller en mission devraient lire ce livre. »

DANIEL HENDERSON, missionnaire au Québec depuis 2009 ; directeur stratégique à Publications Chrétiennes ; coordinateur du développement des ressources et des conférences, ELEAF, Niamey, Niger

« Dans ce livre, l'auteur montre comment la mission est le travail de l'Église locale toute entière, et pas simplement de certains passionnés. Il nous rappelle à la fois le privilège et la responsabilité que nous avons de prendre part aux progrès de l'Évangile dans le monde, tout en montrant comment s'y engager. Ce livre sera une aide précieuse pour nos Églises locales en francophonie, afin qu'elles aient un impact durable sur les nations. »

BENJAMIN EGGEN, ancien coordinateur du blog La Rébellution ; auteur de *Soif de plus ?* ; coauteur du livre *Une vie de défis*

« Il ne fait aucun doute qu'une Église en bonne santé est une Église qui s'investit dans la mission. Qu'elle soit encore en implantation ou déjà bien établie, elle devrait posséder cette dimension dans son ADN. Le livre d'Andy Johnson est un véritable guide pour y parvenir. Au moyen d'exemples pertinents dans les Écritures, il clarifie les termes du mandat missionnaire et les responsabilités de l'Église locale. »

VINCENT BOURREL, pasteur de l'Église Baptiste Toulouse Métropole

« Je suis reconnaissant envers Johnson pour sa vision sage, sensible et pragmatique de l'Église locale destinée à devenir mondiale. Bien qu'il ait été écrit par un Nord-Américain, ce livre n'est ni limité à une seule culture ni ethnocentrique. Les questions abordées s'appliquent à toute Église locale saine, partout dans le monde. En d'autres termes, *La mission* est profondément biblique. C'est pourquoi ceux qui, comme moi, exercent leur ministère au sein d'une autre culture trouveront tous ces enseignements réalisables. Je le recommande chaleureusement, et je prie pour que Dieu lui accorde un grand lectorat, pour sa gloire mondiale. »

DOUG VAN METER, pasteur-enseignant, Brackenhurst Baptist Church, Johannesburg, Afrique du Sud

« J'aime énormément ce livre. J'aime la façon dont il commence et se termine avec la gloire de Dieu dans l'Évangile. J'aime la façon dont il place l'Église locale au centre de l'envoi de missionnaires et du travail de la mission. J'aime qu'il soit empreint de principes bibliques tout en étant rempli de conseils pratiques. Il contient tous les ingrédients nécessaires au renouvellement du statut de la mission mondiale dans votre Église. La mission mondiale est notre responsabilité et votre responsabilité. »

TIM CHESTER, pasteur, Grace Church, Boroughbridge, Royaume-Uni ; membre de la faculté de Crosslands ; auteur des livres *La responsabilité du chrétien face à la pauvreté*, *Vous pouvez changer*, *Prier, c'est pourtant simple* ; coauteur de *L'Église au quotidien*

« Dans une société de plus en plus postchrétienne, il se peut que le concept de la mission vous dérange. Comment pouvons-nous consacrer notre temps, notre énergie, notre attention, nos finances et notre personnel à la mission mondiale, alors que les besoins sont déjà si grands et si croissants, ici chez nous ? Si vous vous sentez enseveli sous les besoins locaux, ce petit livre est peut-être exactement ce qu'il vous faut pour relever la tête devant l'œuvre et la gloire de Dieu à l'échelle internationale, pour ouvrir les yeux sur la cause mondiale dans laquelle nous exerçons notre ministère et pour élargir votre cœur afin qu'il ressemble davantage au sien. Peut-être que ce dont votre Église occupée et meurtrie a besoin, c'est précisément d'une vision et d'une passion pour ce que Dieu accomplit dans le monde entier et pas seulement au coin de la rue. Cultiver un cœur consacré à la gloire mondiale de Dieu et envoyer nos meilleurs membres et ressources pour sa cause ne diminuera pas le ministère qui est en place chez nous. Cela le rendra puissant et réel. »

DAVID MATHIS, rédacteur en chef, desiringGod.org ; pasteur, Cities Church, Minneapolis, Minnesota ; auteur de *La grâce au quotidien*

« En tant que pasteur et missionnaire chevronné, Johnson donne des conseils avisés et pratiques pour aider les Églises à remodeler leur stratégie de mission pour qu'elle soit davantage ancrée dans la Bible et dans la foi. L'accent qu'il met sur le rôle de l'Église locale, aujourd'hui trop souvent sous-estimé dans les cercles missionnaires, est particulièrement appréciable. J'ai hâte de distribuer ce livre à tous nos responsables d'Église et à nos missionnaires. »

JOHN FOLMAR, pasteur principal, United Christian Church, Dubaï

« L'Église a été chargée de la mission de faire de toutes les nations des disciples. Trop souvent, l'Église locale est tirée dans plusieurs directions sans une vision directrice claire pour ses efforts missionnaires. En tant que pasteur, je suis reconnaissant pour le livre d'Andy Johnson, parce qu'il guide les responsables d'Église dans leur poursuite de la mission, en les aidant à élaborer un plan qui soit bien intentionné et non ambigu, proactif et non réactionnaire. Je recommande vivement ce livre à tous les responsables d'Église qui souhaitent avoir une vision bien pensée pour partager l'Évangile aux nations. »

AFSHIN ZIAFAT, pasteur principal, Providence Church, Frisco, Texas

LA MISSION

LA MISSION

Comment
l'Église locale
doit atteindre
toutes les
nations

ANDY JOHNSON

Édition originale en anglais sous le titre :
Missions: How the Local Church Goes Global

Publié par Crossway, un ministère de Good News Publishers.
1300 Crescent Street, Wheaton, IL 60187, U.S.A.

Pour l'édition française :
La mission : comment l'Église locale doit atteindre toutes les nations

Publié par Éditions Cruciforme
230, rue Lupien, Trois-Rivières (Québec)
G8T 6W4 – Canada
Site Web : www.editionscruciforme.org

Traduction : Émilie Bapst
Adaptation de couverture et mise en page : Rachel Major

ISBN : 978-2-925131-00-7 (broché)
ISBN : 978-2-925131-01-4 (eBook)

Dépôt légal – 1er trimestre 2021
Bibliothèque et Archives nationales du Québec
Bibliothèque et Archives Canada

À ma femme, Rebecca,

ma meilleure partenaire terrestre dans
notre joyeux travail de répandre l'Évangile
à tous les peuples

Les réponses ne peuvent être apportées que sur le fondement des Écritures. Car le travail de la mission est l'œuvre de Dieu ; il ne nous est pas permis d'improviser.

– J. H. Bavinck, missionnaire vétéran en Indonésie[1]

TABLE DES MATIÈRES

Préface de la série 17

Préface 19

Introduction

La mission à la croisée des chemins 23

1. **LE FONDEMENT BIBLIQUE DE LA MISSION** 29

2. **ÉTABLIR DES PRIORITÉS** 41

3. **ENVOYER ET SOUTENIR DE LA BONNE MANIÈRE** 49

4. **REMETTRE LA MAISON EN ORDRE** 79

5. **DES PARTENARIATS MISSIONNAIRES SAINS** 99

6. **RÉFORMER LES MISSIONS À COURT TERME** 115

7. **ATTEINDRE LES NATIONS PAR D'AUTRES MOYENS** 133

Conclusion

Faire un pas vers les nations 155

Notes 161

Index des sujets 165

Index des références bibliques 171

PRÉFACE DE LA SÉRIE

Pensez-vous qu'il est de votre devoir de contribuer à l'édification d'une Église en bonne santé ? Si vous êtes chrétien, nous croyons que c'est le cas.

Jésus vous ordonne de faire des disciples (Mt 28.18-20). Jude vous exhorte à vous édifier sur votre très sainte foi (Jud 1.20,21). Pierre vous appelle à mettre au service des autres le don que vous avez reçu (1 Pi 4.10). Paul vous recommande de professer la vérité dans l'amour pour que votre Église croisse à tous égards (Ép 4.13,15). Suivez-vous notre raisonnement ?

Que vous soyez membre ou dirigeant d'une Église, les livres de la série « Bâtir des Églises en bonne santé » visent à vous aider à accomplir ces ordonnances bibliques et à jouer ainsi votre rôle dans l'édification d'une Église en bonne santé. Autrement dit, nous espérons que ces livres vous aideront à aimer davantage votre Église comme Jésus l'aime.

9Marks envisage de produire un livre concis et accessible sur chacune des caractéristiques que Mark Dever a appelées les *neuf traits essentiels* d'une Église en bonne santé, outre un volume sur la saine doctrine. Ces ouvrages portent sur la prédication textuelle, la théologie biblique, l'Évangile, la conversion, l'évangélisation, l'adhésion à l'Église locale, la discipline d'Église, la formation de disciples et leur croissance, ainsi que la direction de l'Église.

Les Églises locales existent pour manifester la gloire de Dieu aux nations. Leurs membres y parviennent en fixant les yeux sur l'Évangile de Jésus-Christ, en faisant confiance au Seigneur pour le salut de leur âme et en s'aimant les uns les autres dans la sainteté, l'unité et l'amour de Dieu. Que le Seigneur puisse utiliser ce livre pour vous aider à poursuivre ce but.

Dans l'espérance,

Mark Dever et Jonathan Leeman
Éditeurs de la série

PRÉFACE

Il y a plus de cent ans, George Pentecost a déclaré : « Le pasteur a le privilège et la responsabilité de résoudre le problème des missionnaires à l'étranger[1]. » Pentecost soutenait que le comité dédié à la mission joue un rôle important : définir les méthodes, encourager les déplacements et collecter des fonds. Les pasteurs ont toutefois la responsabilité et le privilège de ressentir le poids des nations et d'attiser une flamme pour la gloire mondiale de Dieu dans chaque Église locale.

Je suis du même avis.

Permettez-moi de préciser que je ne dis *pas* que les pasteurs doivent négliger le ministère auprès des membres de nos Églises locales. Je sais que dans nos Églises, il y a des gens qui souffrent, dont les mariages sont en difficulté, dont les enfants se rebellent, et qui affrontent des cancers, des tumeurs et toutes sortes d'autres difficultés dans cette vie. Nous ne devons pas négliger le ministère local envers le corps du Christ.

Nous ne devons pas non plus négliger la mission locale dans nos communautés ou nos villes. Nous avons reçu l'ordre de faire des disciples, et cet ordre s'applique le plus naturellement et invariablement à l'endroit où nous vivons, dans le contexte de notre environnement immédiat. Chaque membre de l'Église devrait se demander : « Avec les dons uniques que Dieu m'a donnés et l'Esprit de Dieu qui vit en moi, comment puis-je faire des disciples aujourd'hui, à l'endroit où je vis ? » Des efforts doivent donc être fournis dans la formation de disciples et l'implantation d'Églises, là où nous vivons et dans notre pays. La mission à l'échelle locale est absolument nécessaire.

En parallèle, la mission à l'échelle mondiale est tragiquement négligée. Je n'étais pas très loin du Yémen il n'y a pas longtemps. Le nord du Yémen compte environ huit millions d'habitants. Savez-vous combien de croyants se trouvent dans le nord du pays ? Vingt ou trente. Sur huit millions de personnes, c'est-à-dire les populations de l'Alabama et du Mississippi réunies. Il y a probablement plus de croyants dans votre classe d'école du dimanche ou dans certains petits groupes de votre Église que dans la totalité du nord du Yémen. C'est un problème. C'est un problème, car des millions de personnes dans le nord du Yémen n'ont pas accès à l'Évangile. Elles s'ajoutent aux millions et millions d'autres personnes non atteintes dans le monde, qui sont nées, vivent et meurent, sans jamais avoir entendu la bonne nouvelle de ce que Dieu a fait pour leur salut en Christ.

Ce n'est pas aux organismes missionnaires de s'attaquer les premiers à ce problème. C'est avant tout la tâche de chaque Église locale. Plus précisément, il s'agit de la responsabilité première de chaque pasteur de chaque Église locale d'aimer les gens de cette Église et d'aimer les gens de cette communauté, tout cela de sorte que le nom de Christ puisse être loué parmi tous les peuples de la planète. C'est ce que veut l'Esprit de Christ, donc c'est ce à quoi chaque chrétien, chaque pasteur et chaque Église locale devraient aspirer.

Lorsque nous lisons le livre des Actes des Apôtres, une priorité ressort clairement parmi les rôles de l'Église locale : la priorité de répandre l'Évangile à travers le monde. Dans Actes 13, nous voyons l'Église d'Antioche adorer, jeûner et prier. Et dans le contexte de cette Église locale avec ses responsables, l'Esprit Saint met à part Paul et Barnabas comme missionnaires. L'Église prie pour eux et les envoie, les soutenant dans leur départ. À deux reprises, Paul retourne à Antioche pour encourager cette Église locale, puis, lors de son troisième voyage missionnaire, il écrit une lettre à une autre Église locale, celle de Rome, pour demander son soutien et son aide pour qu'il puisse se rendre en Espagne, où personne n'a encore entendu parler de Christ. Ainsi, nous voyons les Églises locales envoyer, guider et soutenir des hommes et des femmes en mission dans le monde.

C'est pour cette raison que je veux encourager chaque pasteur et chaque responsable d'Église locale à reprendre le flambeau des missions à l'échelle mondiale. Saisissez le rôle spécial que Dieu vous a donné, à vous et à votre Église, comme à l'Église d'Antioche, dans la diffusion de l'Évangile jusqu'aux extrémités de la terre. Mais vous vous demandez peut-être : « Par où doit-on commencer ? »

Voilà pourquoi je suis si reconnaissant pour le livre simple et pourtant significatif que vous tenez entre vos mains. Dans les pages qui suivent, Andy Johnson a rendu un grand service aux Églises locales et à la mission mondiale. Ancré dans la Parole de Dieu du début à la fin, ce livre s'appuie sur l'expérience acquise à la fois dans l'Église où Andy sert et dans les Églises du monde entier avec lesquelles il a travaillé. Il regorge donc de trésors de sagesse mis à la disposition des responsables et des membres d'Églises de toutes tailles. Lorsque j'ai terminé ma lecture de ce livre, je me suis dit : « J'aimerais que chaque pasteur et chaque responsable d'Église locale puisse le lire ! » Car s'ils le faisaient, je suis convaincu que cela changerait radicalement l'allure des Églises locales dans nos communautés, ainsi que la mission globale à l'échelle planétaire.

Je vous recommande donc de tout cœur ce livre, en priant que Dieu l'utilise pour attiser la flamme pour sa gloire mondiale dans votre vie et votre Église locale.

David Platt

INTRODUCTION

La mission à la croisée des chemins

Sur le chemin du retour de la réunion du comité des missions de l'Église, Beth s'arrête au service au volant pour un espresso. Elle espère qu'une forte dose de caféine atténuera le mal de tête pulsatile qu'elle ressent dans ses tempes. Pendant qu'elle patiente, elle ne cesse de repasser la réunion dans sa tête. Tous les membres du comité semblent aimer Jésus et se soucier de la mission. Alors pourquoi leurs réunions sont-elles si frustrantes ? Voilà une soirée de plus passée dans les malentendus et les contrariétés, sans que rien ne soit accompli au bout du compte. Malgré leur intérêt évident pour la « mission », Beth commence à se demander s'ils en ont vraiment tous la même définition.

Dave a commencé la réunion en reprochant au comité d'être « myope » en matière d'évangélisation. « Que fait-on des pauvres, des affamés, des opprimés ? a-t-il demandé, n'est-ce pas la mission de l'Église de s'occuper également de tous leurs besoins physiques ? »

Alors, Olivia a de nouveau suggéré qu'il serait préférable (et moins cher) de payer les pasteurs locaux plutôt que d'envoyer des missionnaires occidentaux.

Puis, Harold a fait un commentaire. Il venait de lire une étude décrivant une nouvelle méthode utilisée par une organisation missionnaire qui augmentait de « 87 % le nombre de décisions pour Christ parmi les musulmans », au lieu de prêcher simplement l'Évangile à partir de la Bible. Une étude statistique est-elle vraiment le meilleur moyen de décider des méthodes à employer ? Et à quoi faisaient référence ces décisions de la part des musulmans exactement ?

Patricia a fait pression sur le comité pour qu'il cesse de soutenir les missionnaires à plein temps et qu'il se concentre plutôt sur l'envoi de personnes à l'étranger, qui feraient cela en parallèle à leur emploi. « Dans notre économie moderne et globale, l'ancien modèle des Églises qui envoient des ouvriers soutenus à long terme est tout simplement dépassé, a-t-elle affirmé, mener la mission comme une entreprise à vocation missionnaire est la seule solution. » Beth reconnaît que c'est peut-être une bonne chose à encourager. Toutefois, elle est plutôt convaincue que le commandement de l'apôtre Jean de soutenir les missionnaires envoyés par l'Église « afin d'être ouvriers avec eux pour la vérité » est toujours d'actualité (3 Jn 1.8). Mais lorsque Beth a lu ce passage à haute voix, Patricia a simplement levé les yeux au ciel et l'a encouragée à cesser de regarder en arrière et à accueillir à bras ouverts la nouvelle vague missionnaire.

Et bien sûr, Clarence a conclu la réunion en les encourageant (à nouveau) à se concentrer davantage sur les voyages à court terme plutôt que de financer plus d'ouvriers à long terme. « Les voyages à court terme peuvent changer la vie de nos membres », leur a-t-il rappelé juste avant de se lancer dans le fameux récit de son voyage au Guatemala pour repeindre un centre communautaire, et de finir par répéter combien cela avait transformé sa foi. Or, Beth se demande si ce genre de voyages est vraiment la meilleure façon d'utiliser leurs fonds pour la mission et le temps des missionnaires.

Le claquement de la vitre du service au volant fait sursauter Beth et l'extirpe de ses réflexions. Alors qu'elle s'éloigne en sirotant son double espresso, elle a de plus en plus le sentiment qu'il doit y avoir une meilleure voie. Dieu a sûrement donné plus de directives sur ce qu'est la mission et sur la manière de l'accomplir. Elle n'a cependant aucune idée de l'endroit où trouver ces directives, ni par où commencer.

Malheureusement, je ne pense pas que Beth soit la seule dans cette situation.

Aujourd'hui, dans beaucoup de nos Églises, des personnes bien intentionnées semblent avoir du mal avec le concept de la mission. Ils veulent voir Christ glorifié et honoré. Ils se soucient des besoins des gens. Mais dans la pratique, leur aspiration pour participer à la mission se transforme souvent en une recherche frénétique de nouvelles idées, une compétition pour obtenir les ressources de l'Église et des désaccords au sujet de la méthode à adopter.

La bonne nouvelle de ce petit livre est qu'il ne doit pas forcément en être ainsi.

Imaginez une Église locale dont la mission envers les nations est claire et établie d'un commun accord. Les anciens guident l'Église dans des missions stratégiques. Tous les chrétiens se soucient de la mission, et pas seulement le nombre restreint du « club des missionnaires ». La tyrannie des nouvelles tendances et des exigences de résultats immédiats et visibles n'a aucun pouvoir. Les membres considèrent la mission comme le travail de l'Église dans son ensemble et non comme une activité personnelle, privée et individuelle. Dans cette communauté, les membres voient la mission comme un ministère central de l'Église, et non comme un projet occasionnel à court terme. Les relations avec les missionnaires sont profondes, sérieuses et durables. Les dons faits avec joie pour la mission constituent une part fondamentale du budget de l'Église, et pas seulement le fruit d'appels aux dons occasionnels et désespérés. Enfin, les membres accordent suffisamment de valeur à la mission pour que certains veuillent déraciner leur vie et être envoyés à long terme par l'Église.

Ce n'est pas une idée irréalisable ni un projet particulièrement compliqué à mettre en place. J'ai vu cette vision devenir une réalité dans de nombreuses Églises, grandes et petites. Ce n'est pas si difficile. Il suffit principalement de trouver son plan et ses méthodes pour la mission dans la Bible.

Telle est la prémisse principale de ce livre : la Parole de Dieu nous donne tout ce que nous devons savoir pour lui obéir et lui rendre gloire. Cela inclut tout ce dont nous avons besoin pour obéir au Grand Mandat de faire de toutes les nations des disciples (Mt 28.18-20). Cela ne veut pas dire que sa Parole aborde explicitement toutes les questions que nous pourrions avoir en tête. Cela ne veut pas non plus dire que chaque suggestion dans ce livre découle directement d'un commandement ou d'un exemple biblique. Cela signifie néanmoins que la Bible est pleinement suffisante pour nous donner le plan et les principes qui façonnent nos méthodes et décisions. Nous y trouvons une multitude de principes et d'impératifs qui modèleront nos efforts et, ce faisant, nous libéreront de la tyrannie oppressive qui découle du fait de ne compter que sur nos propres ressources pragmatiques et sur des notions humaines.

Une des choses que nous voyons clairement dans les Écritures est que le souci pour la mission concerne tous les chrétiens, parce que c'est un souci qui concerne chaque Église locale dans son ensemble. Donc, que vous soyez un membre d'Église intéressé, un responsable de la mission ou un pasteur d'Église locale, ce livre contient quelque chose pour vous.

Mais avant de s'entretenir sur le travail de la mission comme tel, nous allons d'abord définir quelques principes bibliques fondamentaux. Ensuite, nous pourrons réfléchir à la manière de les appliquer avec sagesse à nos propres activités missionnaires. Commençons donc par ce qui devrait être la source de tout effort chrétien empreint de sagesse : la Bible.

1

LE FONDEMENT BIBLIQUE DE LA MISSION

Un jour, j'ai loué un appartement pour les vacances au 6ᵉ étage d'un immeuble sans ascenseur. Dans tous ses courriels, la propriétaire avait été très claire en déclarant : « Cet appartement se situe au 6ᵉ étage et il n'y a pas d'ascenseur. » Pourtant, l'importance de sa déclaration ne m'a pas vraiment frappé, jusqu'à ce que je halète sur le palier du 5ᵉ étage, transportant la deuxième des trois valises dans l'escalier en colimaçon. Pourtant, alors que je restais là à essayer de me souvenir des symptômes d'une crise cardiaque, je ne pouvais pas me mettre en colère contre la propriétaire. Dès le début, elle avait été honnête à ce sujet. J'aurais dû faire plus attention.

Une totale transparence est un bon et honnête moyen de commencer toute relation, y compris la relation entre un écrivain (comme moi) et un lecteur (comme vous). C'est pourquoi je veux commencer ce livre en énonçant quelques convictions bibliques fondamentales au sujet de la mission. Vous ne serez peut-être pas d'accord avec chacun d'entre eux. Si c'est le cas, j'espère que vous ne refermerez pas ce livre. Il peut contenir des éléments utiles, même si nous ne sommes pas d'accord sur tout. Et puis, en tant que lecteur, vous pouvez imiter les Béréens d'Actes 17 et mettre tout ce que je dis à l'épreuve pour voir si cela correspond à l'enseignement de la Bible.

Nous devons commencer par définir le but de la mission de l'Église.

LA MISSION DES MISSIONS EST AVANT TOUT SPIRITUELLE

Au début d'un petit livre comme celui-ci, il n'est pas nécessaire d'entrer en profondeur dans le débat sur la responsabilité des Églises de répondre à la fois aux besoins éternels par la proclamation de l'Évangile *et* aux besoins temporels par une aide matérielle. Chaque chrétien devrait clairement se soucier de tout type de souffrance humaine. Bien plus, les chrétiens devraient particulièrement se soucier de la souffrance terrible et éternelle que subiront tous ceux qui restent sous la colère de Dieu. Nous n'avons pas à opposer ces deux préoccupations dans notre vie personnelle. John Piper a trouvé un bon équilibre, en disant : « Les chrétiens se soucient de toute souffrance, en particulier de la souffrance éternelle. Sinon, soit ils ont un cœur défectueux, soit ils visualisent un enfer sans flammes[1]. »

Alors que nous sommes sur le point d'aborder la mission globale de l'Église, j'espère que nous pouvons convenir que l'Église doit se préoccuper tout particulièrement de la souffrance éternelle. L'Église est cette communauté évangélique unique, agréée par Jésus-Christ lui-même. Par conséquent, elle devrait particulièrement s'efforcer de remplir sa mission unique de garder l'Évangile, de le proclamer et de former ceux qui y répondent par la repentance et la foi. Si nos Églises échouent dans cette mission, peu importe les autres bonnes actions que nous accomplissons, nous échouons dans le mandat unique que Christ nous a donné en tant qu'Églises. C'est une bonne chose d'accomplir le bien par d'autres moyens et nos Églises peuvent prendre des décisions divergentes quant à leur engagement dans les bonnes œuvres et l'action sociale. Toutefois, c'est l'intendance de l'Évangile qui rend l'Église chrétienne si singulière. Nous devons établir des priorités. Et ça, c'est la priorité de la mission chrétienne.

Il est important d'insister sur ce point, car ces derniers temps, certains chrétiens laissent entendre qu'en encourageant les Églises à donner la priorité à une mission spirituelle, leurs membres et les missionnaires ne se soucieront pas du tout de la souffrance humaine terrestre. Or, historiquement, ce sont souvent les générations dont les Églises se concentraient plus sur le ciel et le salut qui ont fait le plus de bien social. Encore aujourd'hui, des chercheurs comme Robert Putnam s'interrogent sur le niveau inhabituel de dons altruistes de la part de religieux issus d'Églises gardant le ciel à l'esprit[2].

On peut aussi citer les travaux largement acclamés du sociologue Robert Woodberry, qui a démontré que les « missionnaires protestants dont l'objectif est de convertir » (c'est-à-dire les missionnaires qui donnent la priorité au salut des âmes par-dessus tout) ont globalement fait du bien social plus durable que ceux qui se concentrent uniquement, ou principalement, sur le bien social[3].

Bien sûr, en fin de compte, si nous donnons la priorité aux questions éternelles dans nos Églises, ce n'est pas à cause de l'histoire ou des sciences sociales. Nous le faisons par amour pour notre prochain. Si nous sommes convaincus que la souffrance éternelle en enfer est la plus terrible de toutes les souffrances humaines, à quoi d'autre donnerions-nous la priorité ? Bien plus, nous donnons la priorité aux questions éternelles par amour pour Dieu. Nous voulons que nos Églises remplissent la tâche de glorifier Dieu pour laquelle il leur a spécialement confié l'Évangile au départ.

Nous sommes joyeusement motivés par ce commandement de notre Seigneur : « Faites de toutes les nations des disciples, les baptisant au nom du Père, du Fils et du Saint-Esprit, et enseignez-leur à observer tout ce que je vous ai prescrit » (Mt 28.19,20). Et nous sommes conduits par la vision céleste de l'apôtre Jean :

> Après cela, je regardai, et voici, il y avait une grande foule, que personne ne pouvait compter, de toute nation, de toute tribu, de tout peuple, et de toute langue. Ils se tenaient devant le trône et devant l'Agneau, revêtus de robes blanches, et des palmes dans leurs mains. Et ils criaient d'une voix forte, en

disant : Le salut est à notre Dieu qui est assis sur le trône, et à l'Agneau (Ap 7.9,10).

Appeler et faire de tous les peuples des disciples sauvés par l'Agneau est la première de toutes les missions. Quelles que soient les autres bonnes actions qu'une Église choisit d'accomplir, cette grande vision doit être notre objectif le plus fondamental et la joie pour laquelle nous œuvrons. Y a-t-il quelque chose d'autre qui soit digne de celui qui est « venu dans le monde pour sauver les pécheurs » (1 Ti 1.15) ? L'évangélisation et l'établissement de l'Église de Christ sont notre première priorité dans la mission.

LA MISSION APPARTIENT À DIEU, POUR SA GLOIRE, SELON SES CONDITIONS

Dieu veut non seulement que sa mission se poursuive, mais aussi qu'elle se déroule selon ses conditions. Il veut obtenir la gloire en démontrant qu'il s'agit de sa mission et que c'est sa puissance qui la soutient. Tout effort de notre part pour changer ou étoffer la mission, ou pour substituer nos idées à celles de Dieu, est une tentative de priver Dieu de la gloire qui lui revient. Et essayer de voler à un Dieu omniscient et tout-puissant la chose qui le passionne le plus dans tout l'univers est tout à fait stupide et finalement inutile. Dieu dit :

À cause de mon nom, je suspends ma colère ;
À cause de ma gloire, je me contiens envers toi,
Pour ne pas t'exterminer.
Je t'ai mis au creuset, mais non pour retirer de l'argent ;
Je t'ai éprouvé dans la fournaise de l'adversité.
C'est pour l'amour de moi, pour l'amour de moi, que je veux agir ;
Car comment mon nom serait-il profané ?
Je ne donnerai pas ma gloire à un autre (És 48.9-11).

Dieu se soucie de la façon dont la mission est menée, car il ne donnera pas sa gloire à un autre. Lorsque nous feuilletons les pages des Écritures pour comprendre la mission, cela doit rester gravé dans notre esprit. La mission de rédemption mondiale existe en fin de compte pour l'amour de Dieu : « C'est pour l'amour de moi, pour l'amour de moi, que je veux agir. » Et c'est merveilleux.

Notre confiance dans la mission et notre joie dans le salut découlent du fait que la mission de miséricorde de Dieu trouve son origine dans son désir d'être glorifié, et non dans notre capacité ou notre volonté. Que Dieu soit loué ! Dieu déclare :

À cause de mon nom, je suspends ma colère ;
À cause de ma gloire, je me contiens envers toi,
Pour ne pas t'exterminer.

C'est peut-être l'un des versets les plus encourageants de toutes les Écritures. Tant que Dieu se soucie de sa propre gloire, et tant qu'il reste déterminé à recevoir toute la gloire en faisant preuve de miséricorde envers les pécheurs, tous ceux qui ont confiance en lui sont en sécurité, et sa mission n'échouera jamais. Dieu a décidé de quelle façon la mission doit se dérouler. Il veut qu'elle avance par la simple proclamation de l'Évangile et le rassemblement de ses enfants au sein des Églises, afin que tous voient que le salut est l'œuvre de Dieu, et qu'il en reçoive toute la gloire.

LA MISSION MONDIALE S'EFFECTUE PRINCIPALEMENT PAR L'INTERMÉDIAIRE DE L'ÉGLISE LOCALE

Qui est responsable de mener à bien cette mission de salut mondial ? À qui Christ a-t-il donné son Grand Mandat dans Matthieu 28 ? C'est une question plus difficile que de simplement se demander qui était présent lorsqu'il a prononcé les paroles rapportées dans Matthieu 28.18-20. Dans un sens, la mission a été confiée à chaque chrétien individuellement. Mais d'un autre côté, elle a été donnée premièrement aux Églises locales. Pourquoi dis-je cela ?

Chacun de nous, individuellement, est appelé à obéir au commandement de Christ de faire des disciples qui connaissent sa Parole et y obéissent. Mais comment veut-il que nous nous y prenions ? Sa Parole est claire : normalement, nous devons poursuivre l'obéissance, former des disciples et implanter d'autres Églises par l'intermédiaire de l'Église locale. L'Église locale révèle qui est et qui n'est pas un disciple, par le biais du baptême et de l'appartenance au corps (Ac 2.41). C'est dans l'Église locale que la formation de disciples se fait le plus naturellement (Hé 10.24,25). L'Église locale envoie des missionnaires (Ac 13.3) et s'occupe d'eux après leur départ (Ph 4.15,16 ; 3 Jn 1.1-8). Et des Églises locales saines qui se reproduisent sont normalement le but et la finalité de notre effort missionnaire (Ac 15.41 ; Tit 1.5).

Mais pourquoi Dieu est-il si déterminé à accomplir cette grande œuvre de rédemption à travers son Église ? Parce qu'il est passionné par sa propre gloire. Il a décidé d'agir à travers l'histoire afin que « les dominations et les autorités dans les lieux célestes connaissent aujourd'hui par l'Église la sagesse infiniment variée de Dieu » (Ép 3.10). Dieu est déterminé à utiliser l'Église pour accomplir son œuvre de rédemption, afin de manifester la gloire de sa sagesse à l'univers. L'Église était l'idée de Dieu. C'est son seul et unique plan organisationnel pour la mission mondiale. Par-dessus tout, elle est l'épouse bien-aimée de son Fils bien-aimé, rachetée par son sang.

Par conséquent, toute organisation inventée par l'homme et qui soutient la mission doit se rappeler qu'elle n'est que la demoiselle d'honneur, et non la mariée. Elle n'est que le machiniste, pas la vedette. Cette position, cet honneur et cette responsabilité ont été donnés par Christ à son Église, et seulement à son Église. La coopération organisée entre les Églises pour le bien de la mission est une chose merveilleuse (nous y reviendrons plus tard), mais ceux qui organisent cette coopération doivent se rappeler qu'ils accompagnent l'Église locale; ils ne l'évincent pas.

C'est parce que la Bible est si claire sur ce point que ce petit livre se concentre résolument sur l'Église locale en tant que moteur des missions mondiales. Lorsque nous examinons notre engagement individuel dans la mission mondiale, nous devons le faire en gardant à l'esprit notre rôle en tant que membres de l'Église. Si nous voulons comprendre comment poursuivre fidèlement la mission, l'Église locale doit jouer un rôle central dans l'identification, la formation, l'envoi et le soutien. La mission a été donnée à l'Église de Christ pour la gloire de Christ.

LA BIBLE EN DIT LONG SUR LA FAÇON D'ABORDER LA MISSION

Mais comment Dieu veut-il que sa mission avance? Il serait cruel de la part de Dieu de savoir ce qu'il veut, pour ensuite nous laisser le découvrir seuls. Dieu ne traiterait jamais ses enfants de cette façon. Tout au long de sa Parole, Dieu nous donne un trésor d'instructions sur la mission globale de l'Église, sur sa nature et sur la manière de l'aborder avec une confiance joyeuse et fidèle.

Nous l'aimons et l'honorons non seulement en œuvrant en vue de l'objectif final qu'il nous a donné, c'est-à-dire des adorateurs de toute langue, de toute tribu, de tout peuple et de toute nation, mais aussi en utilisant les moyens qu'il a choisis.

Et il nous a dit que sa mission mondiale progressera grâce à des vies saintes, la fidélité dans la prière, la proclamation de l'Évangile et des Églises saines qui se reproduisent.

C'est vraiment ce que nous allons voir dans le reste de ce livre. Nous allons approfondir ces principes de la Bible et essayer de les appliquer avec sagesse à la pratique missionnaire de nos Églises locales. Car la bonne nouvelle, c'est que même si le travail d'évangélisation mondiale est difficile, il n'est pas compliqué. Dans la Bible, Dieu nous partage tout ce que nous avons besoin de savoir.

La Bible nous annonce la mission de l'Église : manifester la gloire de Dieu en proclamant l'Évangile à tous les peuples, en formant des Églises en tout lieu, et en les remplissant de disciples qui obéissent à Dieu et le loueront à jamais pour sa grâce (És 56 ; Mt 28.18-20 ; Ro 15.7-13 ; Ép 3.8-11 ; Ap 7.9,10).

La Bible nous explique comment la mission progressera : par la dépendance dans la prière, la proclamation de l'Évangile, la formation biblique de disciples et l'implantation d'Églises (Ex 6.5-8 ; Ro 10.17 ; Col 4.2-4 ; 1 Th 5.11).

La Bible nous dit quel type de missionnaires nous devrions soutenir : des missionnaires fidèles à la Bible, patients sur le plan méthodologique, qui proclament l'Évangile et aiment l'Église (Ac 16.1-3 ; Ro 10.14,15 ; 2 Co 8.23 ; 2 Ti 4.1-5 ; 3 Jn 1.1-8).

La Bible nous dit quel devrait être le but des missions : des individus transformés dans des Églises fondées sur la Bible et qui, à la fin, se joindront à une multitude céleste pour louer l'Agneau de Dieu éternellement (Ro 8.1-11 ; Hé 10.19-25 ; Ap 7.9,10).

Ce n'est là qu'un tout petit échantillon de ce que les Écritures déclarent au sujet des missions. Nous ne sommes pas livrés à nous-mêmes et destinés à nous appuyer sur nos maigres ressources pour accomplir la mission de l'Église pour les nations. Dieu est bien trop bon et sérieux pour faire cela. Avançons donc en nous attachant fermement à ces quatre principes bibliques :

- La mission première est avant tout spirituelle.
- La mission appartient à Dieu, pour sa gloire, selon ses conditions.
- Dieu a confié la mission à l'Église locale.
- La Bible nous dit tout ce que nous devons savoir pour remplir fidèlement la mission de Dieu.

Ces principes étant clairement énoncés, commençons à les développer et à les appliquer.

2

ÉTABLIR DES PRIORITÉS

Je me souviens de la première fois où j'ai loué une voiture alors que je vivais pour une courte durée en Turquie. Mes beaux-parents étaient en visite, et ma femme et moi souhaitions les reconduire aux ruines d'Éphèse. La société de location nous a offert un surclassement et nous avons pu bénéficier d'une berline européenne neuve et très chère. Excellent ! Tout se passait bien, jusqu'à ce que je m'arrête dans une station-service. De toute évidence, la voiture roule à l'essence. Cependant, le pompiste me demande si je veux du « benzin » ou du « motorin ». Il se trouve que le vocabulaire de l'essence n'a pas été intégré dans mes cours de langue. Pendant un instant, je me dis que je vais juste en choisir un et espérer que tout aille pour le mieux. Nous devons continuer notre route. Puis, je visualise ce qu'un mauvais carburant pourrait causer à une voiture qui vaut presque la totalité d'un salaire annuel. Alors s'ensuivent cinq minutes de gestes de la main, de reniflement du réservoir et enfin de consultation du dictionnaire turc. Il s'avère que les Turcs appellent l'essence « benzin » et le diesel « motorin ». Cela a bien amusé le pompiste, à mes dépens.

Mais il fallait que je sois sûr, car peu importe la qualité de la voiture ou mes intentions, essayer de la faire rouler avec un mauvais carburant ne se serait pas bien terminé.

Je me demande si de nombreuses Églises n'auraient pas besoin d'une leçon similaire concernant le carburant de leur passion pour la mission. Le bon carburant est la première étape cruciale. Malheureusement, nous sommes parfois trop pressés, alors nous utilisons le mauvais carburant. Nous consacrons notre temps à consulter des cartes du monde, des données démographiques et des histoires de sacrifices missionnaires. Ou bien, nous réfléchissons aux besoins des perdus, et cela est utile, mais ce ne doit pas être le point de départ. Le cœur d'une mission qui glorifie Dieu commence avec la joie de l'Évangile. Nos Églises doivent d'abord chérir le Dieu qui a envoyé son Fils pour sauver des pécheurs comme nous. Il est important d'avoir le bon carburant.

Cela peut signifier que la meilleure façon d'encourager votre Église à prendre part à la mission est d'arrêter de parler de mission pendant un certain temps et, au contraire, de parler davantage de l'Évangile. J'ai vu des Églises tenter d'enthousiasmer leurs membres pour la mission alors qu'ils n'étaient même pas enthousiasmés par l'Évangile. Le résultat était désolant. La mission est simplement devenue un ministère de plus qui se dispute l'attention et l'intérêt de tous. La culpabilisation, la frénésie, les histoires tristes : rien de tout cela ne constitue la meilleure façon de motiver. Comment peut-on vraiment vendre le concept de sacrifice (ce qu'implique la mission) si les gens n'accordent pas une valeur suprême à la chose pour laquelle le sacrifice est fait ? N'essayez pas d'enthousiasmer votre Église pour la mission tant qu'elle n'aime pas et n'apprécie pas (vraiment, profondément) ce que Christ a accompli pour elle dans l'Évangile. Les Églises ne se lanceront pas dans l'éloge de l'Évangile tant qu'elles ne le chériront pas profondément.

QU'EST-CE QUE L'ÉVANGILE ?

Qu'est-ce que j'entends par « l'Évangile » ? J'entends le message chrétien historique, la bonne nouvelle de ce que Dieu a fait pour les pécheurs par l'intermédiaire de Christ. Je ne parle pas des nombreuses implications de ce message qui incluent ce que les chrétiens font ou leur manière de vivre. Je parle du message même de ce que Jésus a fait pour les pécheurs, le seul message qui peut sauver des pécheurs comme nous de l'enfer et nous conduire à Dieu.

L'Évangile biblique commence avec Dieu, qui a créé toutes choses par sa parole. C'est à partir du néant que Dieu a amené à l'existence toutes les galaxies et les nébuleuses, toutes les étoiles et toutes les planètes. Sur notre planète, il a créé la vie, y compris le premier homme et la première femme. Dieu les a placés dans un jardin et leur a donné toutes choses pour qu'ils en profitent et gouvernent sur elles en toute liberté. La seule restriction était qu'ils ne devaient pas manger le fruit d'un arbre en particulier. Mais l'ennemi rebelle de Dieu est entré dans le jardin et a tenté la femme, Ève. L'homme, Adam, n'a pas réagi. Ils ont choisi d'ignorer les instructions de Dieu et ont préféré écouter les fausses promesses de Satan. Depuis ce jour, les humains font la même chose. Puisque Dieu est bon et juste, il punira le péché. Il n'est pas le genre de juge à balayer les torts sous le tapis et à pervertir la justice. Il est un juge juste. Et cela est une mauvaise nouvelle pour les hors-la-loi coupables comme nous.

Le fait de se rebeller contre l'instruction aimante d'un Dieu parfait est d'une méchanceté inimaginable et mérite une punition d'une sévérité et d'une durée inimaginables. Nous méritons un châtiment éternel et conscient sous la colère de Dieu en enfer.

Toutefois, dans son amour et sa sagesse inestimables, Dieu avait un plan pour punir le péché (et donc être un juge juste) tout en pardonnant aux pécheurs comme nous (et donc manifester sa miséricorde). Il a fait cela en envoyant Jésus, le Fils de Dieu, co-égal et co-éternel, pour se revêtir de la nature humaine. Jésus a vécu une vie parfaite sans une once de rébellion contre Dieu. Jésus était lui-même sans péché, mais il a volontairement pris la place des pécheurs. Cloué à une croix de bois, il a porté la pleine force de la colère du Dieu tout-puissant à cause de sa haine justifiée du péché. Ce que nous méritions jusque dans l'éternité à cause de notre faute, Christ l'a pris sur lui dans une agonie aimante. Son sacrifice a absorbé le châtiment destiné à chaque pécheur qui se tournerait vers lui et lui ferait confiance. Dieu a montré qu'il acceptait le sacrifice de Christ en ressuscitant Jésus d'entre les morts après trois jours dans le tombeau.

Désormais, ce Jésus ressuscité commande à tous, partout dans le monde, de se détourner du péché et de lui faire confiance. Et de façon extraordinaire, Christ nous offre non seulement la promesse du pardon, mais aussi l'adoption en tant que fils et filles aimés du Dieu même que nous avons offensé. En nous repentant de notre péché et en ayant confiance en Christ, nous pouvons désormais connaître la paix avec Dieu et l'espoir assuré d'une joie permanente avec lui pour l'éternité. Tel est l'Évangile biblique. Il est vrai pour chaque personne, de toute langue, en tout lieu, de toute culture, à travers tous les temps.

Quel que soit notre rôle dans une Église, la meilleure chose que nous puissions faire est de croire en cet Évangile. Nous devrions le méditer et évaluer tout ce qui se passe dans notre vie à la lumière de sa vérité et de sa valeur. Ensuite, nous devons prier pour nos responsables d'Église et les encourager gentiment à prendre l'initiative de soutenir l'Évangile. Remerciez-les chaque fois qu'ils clarifient l'Évangile dans leur prédication, et encouragez-les à considérer la passion pour la mission mondiale comme une implication biblique naturelle de l'Évangile.

Si vous êtes pasteur ou responsable d'Église, cela signifie que vous devez soutenir cet Évangile, non seulement lors des appels à l'évangélisation, mais aussi tout le reste du temps. Lorsque votre Église se réunit, il faut rappeler régulièrement aux personnes sauvées que « lorsque nous étions encore pécheurs, Christ est mort pour nous » (Ro 5.8) et les aider à s'en émerveiller. Quand les gens accordent une valeur inestimable à l'œuvre de Christ, la mission devient un sacrifice glorieux et sensé. Le carburant inépuisable de la mission mondiale est la gloire de l'Évangile, et non l'état nécessiteux de l'homme.

QUE SIGNIFIENT LES TERMES « MISSION » ET « MISSIONNAIRE » ?

Mais qu'entendons-nous par le terme « mission » et qui devrait-on qualifier de « missionnaire » ? Récemment, la signification de ces deux termes a fait l'objet d'un remaniement assez significatif dans l'esprit de certains chrétiens. Certains considèrent désormais que la mission de l'Église englobe toutes les bonnes actions qu'un chrétien peut faire, de l'action sociale à la protection de l'environnement. Ce sont certainement de bonnes choses, qui s'additionnent à la myriade d'autres bonnes actions que la plupart des chrétiens font régulièrement, à titre individuel. Mais pour ce livre, j'ai l'intention de m'en tenir à l'usage traditionnel et historique du terme « mission », qui désigne la mission évangélique unique et délibérée de l'Église de faire de toutes les nations des disciples. J'entends par là une évangélisation qui diffuse l'Évangile au-delà des frontières ethniques, linguistiques et géographiques, qui rassemble les Églises et leur enseigne à obéir à tout ce que Jésus a ordonné. Pour être franc, en faire autrement risque de rendre le terme

« mission » grandement inutile. Comme l'a dit Stephen Neill à propos de cette nouvelle redéfinition de la mission : « Si tout est mission, alors rien n'est mission[1]. »

De même, lorsque je fais référence à un missionnaire, je n'entends pas un chrétien qui vit de manière interculturelle et qui partage l'Évangile. Au chapitre 7, je parlerai de la précieuse contribution que ces autres chrétiens peuvent apporter au travail de la mission. Mais tout comme les membres d'Église qui aiment Christ ne sont pas tous des pasteurs ou des anciens, et que les membres d'Église qui parlent de la Bible ne sont pas tous des « enseignants » au sens de Jacques 3.1, les témoins interculturels de l'Évangile ne sont pas tous des missionnaires au sens de 3 Jean ou de 1 Corinthiens. Donc, encore une fois, je m'en tiendrai à la définition historique et traditionnelle du missionnaire en tant que personne reconnue et envoyée par une Église locale pour faire connaître l'Évangile et pour rassembler, servir et renforcer les Églises locales au-delà des frontières ethniques, linguistiques ou géographiques. Ce sont ces personnes que nos Églises doivent soutenir d'après des passages comme 3 Jean.

Mais à quoi ressemble ce soutien biblique ? Et par quoi commencer en tant qu'Église ?

3

ENVOYER ET SOUTENIR DE LA BONNE MANIÈRE

Un de mes amis était enfant de missionnaire en Europe. Récemment, il m'a parlé d'une fois où sa famille et lui ont visité une Église lors d'un séjour aux États-Unis. Il avait probablement neuf ans à l'époque. Peu après leur arrivée, un des membres de l'Église l'a invité à venir choisir des jouets et autres choses dans le « placard des missionnaires » de leur église. En tant que jeune garçon, il était intrigué et plein d'enthousiasme. La personne de l'Église a ouvert la porte d'un grand placard. Celui-ci débordait de vêtements usés, de vieux ordinateurs et de jouets avec des pièces manquantes. Mon ami était anéanti.

Je suis sûr que les membres de cette Église étaient bien intentionnés. Mais de toute évidence, un placard d'ordures n'est pas ce que Dieu considère comme un soutien idéal aux missionnaires. Mais quel est son idéal ? Comment envoyer correctement des missionnaires ? Quand peut-on affirmer que le soutien est suffisant ? D'ailleurs, qui devons-nous envoyer ? Sans surprise, les réponses se trouvent dans la Bible.

DES PRINCIPES FONDAMENTAUX TIRÉS DE 3 JEAN 1.1-8

Dans sa troisième lettre, l'apôtre Jean instruit son ami Gaïus sur l'importance de soutenir les évangélistes missionnaires itinérants. Par la même occasion, il nous donne un certain nombre de principes bibliques qui façonnent notre manière d'envoyer et de soutenir nos missionnaires.

Se surnommant lui-même « l'ancien », Jean écrit :

> De la part de l'ancien, à mon très cher ami Gaïus que j'aime vraiment. Très cher ami, je souhaite que tout aille bien pour toi et que tu sois en aussi bonne santé physiquement que tu l'es spirituellement. J'ai éprouvé une grande joie quand des frères et sœurs sont arrivés et qu'ils ont déclaré que tu vis vraiment en accord avec la vérité. Ma plus grande joie, c'est d'apprendre que mes enfants vivent en accord avec la vérité.
>
> Très cher ami, tu es fidèle dans tout ce que tu fais pour les frères, même étrangers. Ils ont témoigné de ton amour devant notre Église. Aide-les, je t'en prie, à financer la suite de leur voyage, d'une manière digne de Dieu. En effet, ils se sont mis en route pour le servir sans rien accepter des païens. Nous avons donc le devoir de soutenir de telles personnes, et ainsi être des collaborateurs de la vérité (3 Jn 1.1-8 ; *NFC*).

Ce court passage contient un certain nombre d'implications directes pour les missions. Examinons-en cinq.

1. Il est normal de se soucier de la mission et des missionnaires (v. 3,5,8). Jean affirme que son ami Gaïus « *[vit]* vraiment en accord avec la vérité » et qu'il « *[est]* fidèle dans tout ce *[qu'il fait]* pour les frères ». Il conclut que « nous avons donc le devoir de soutenir de telles personnes [*les missionnaires*] ». Les Écritures sont claires sur le fait que le désir de soutenir la diffusion de l'Évangile auprès de ceux qui ne l'ont pas entendu est un élément normal de la santé chrétienne.

2. La coopération entre les Églises locales est encouragée (v. 3,7). De même, la coopération entre Églises locales dans la mission est considérée comme une très bonne chose. Ces évangélistes sont issus d'une autre Église, probablement de celle de Jean. Ils sont « étrangers » à Gaïus (v. 5), donc, visiblement, ils ne sont pas de son assemblée. Et pourtant, Jean déclare que Gaïus doit soutenir ces personnes afin que l'Église de Jean et celle de Gaius puissent œuvrer ensemble pour la vérité. Le soutien mutuel entre missionnaires est un véritable partenariat évangélique qui fait honneur à Christ.

3. Il est crucial de déterminer qui nous devons soutenir (v. 6-8). Mais comment savoir qui soutenir ? L'apôtre Jean réduit considérablement la liste. Certes, les chrétiens peuvent partager l'Évangile lorsqu'ils se dispersent à cause de la persécution (Ac 8.4) ou lorsqu'ils voyagent pour les affaires (Ja 4.13). Mais Jean décrit une obligation morale particulière, à savoir de soutenir ceux qui ont été envoyés « pour le servir ». C'est à ces personnes que nous devrions apporter un soutien matériel. Malgré la mondialisation et la mobilité, jusqu'au retour de Christ, il sera toujours nécessaire que les

Églises forment, envoient et soutiennent financièrement les personnes reconnues comme missionnaires. De plus, lorsque Jean précise que ces missionnaires œuvrent « sans rien accepter des païens », il semble dire qu'ils ne gagnent pas d'argent avec l'Évangile ; l'Église doit donc pourvoir à leurs besoins. Beaucoup de gens partagent l'Évangile. Louons Dieu pour cela ! Mais seuls certains d'entre eux peuvent légitimement prétendre au soutien financier de l'Église locale. Ce sont ces hommes et ces femmes que nous appelons « missionnaires ».

Les missionnaires ne sont pas de simples agents libres autoproclamés. Ils doivent rendre des comptes à une Église locale précise. Les missionnaires mentionnés dans 3 Jean sont probablement redevables à l'Église de Jean à Éphèse. Avez-vous remarqué le lien qui est fait avec l'Église au verset 6 ? Jean dit à Gaïus que ces missionnaires ont « témoigné de *[son]* amour devant *[leur]* Église ». Après avoir été soutenus par Gaïus, ils retournent dans l'Église qui les a envoyés et ils font un compte-rendu. L'épître de Jean, entre autres, semble être la recommandation de l'Église pour ces missionnaires en tant qu'ouvriers approuvés. Au sens biblique, les missionnaires sont liés à une Église locale. Il en a toujours été ainsi.

4. Le soutien doit être abondant (v. 6). De même, Jean ne nous laisse pas nous interroger sur ce à quoi devrait ressembler notre soutien pour les missionnaires. Il devrait être généreux, abondant, fourni « d'une manière digne de Dieu ». Ce souci que les ouvriers chrétiens soient amplement approvisionnés fait écho ailleurs dans la Bible. Paul donne cette instruction à Tite : « Aie soin de pourvoir au voyage de Zénas, le docteur de la loi, et d'Apollos, en sorte que rien ne leur manque » (Tit 3.13). Lorsque nous soutenons les missionnaires, notre but devrait être qu'ils ne manquent de rien, comme si nous soutenions Jésus lui-même pour un voyage. Cela place la barre très haut.

5. La motivation est l'amour de la gloire du Christ (v. 7,8). Enfin, l'élan qui doit animer l'aller, l'envoi et le soutien doit être l'amour pour la gloire et la connaissance du nom et de la vérité de Christ. La glorification du nom de Christ est le moteur de l'élan missionnaire. Les besoins de ceux qui ne sont pas encore atteints par l'Évangile sont immenses, mais Jean nous pousse à envoyer des gens pour la renommée du grand nom de Christ et pour la gloire de sa vérité.

Ces principes de 3 Jean sont clairs, et l'obéissance à ces principes pourrait révolutionner la façon dont certains d'entre nous conçoivent le soutien des missions de nos Églises. Comment les appliquer ?

L'ÉVALUATION DES CANDIDATS À LA MISSION

Compte tenu du sérieux et des obligations qu'implique l'envoi de missionnaires, nous devrions choisir avec soin les personnes que nous envoyons et soutenons. Le fait de s'inquiéter à l'idée de trop donner aux missionnaires peut simplement révéler que nous avons mal sélectionné ceux que nous envoyons. Si nous choisissons les bonnes personnes, nous n'avons pas à nous inquiéter de leur donner trop d'argent. Je connais un certain nombre de fidèles missionnaires qui se sont retrouvés « en surabondance ». Ils ont simplement utilisé l'argent à d'autres fins évangéliques. Ils ont acheté des bibles ; ils ont payé des formations aux prédicateurs locaux ; ils ont financé des projets de traduction de l'Évangile. À ma connaissance, aucun d'entre eux n'a transféré les fonds dans un compte bancaire secret ou acheté une voiture flamboyante. Si vous craignez sérieusement que l'argent excédentaire donné à vos missionnaires soit gaspillé, vous devriez probablement les rapatrier et envoyer à leur place des missionnaires dignes de confiance.

Oui, une certaine prudence est de mise. Les missionnaires sont des pécheurs sauvés par la grâce, comme le reste d'entre nous. Nous avons toutefois la responsabilité d'envoyer avec discernement, et non de soutenir avec suspicion. La Bible est claire sur le fait que tous ceux qui se portent volontaires pour l'œuvre chrétienne ne sont pas nécessairement aptes. Plus loin dans 3 Jean, on fait la connaissance de Diotrèphe. Il se porte volontaire pour devenir responsable de l'Église, mais Jean n'a rien de bon à dire à son sujet. Le désir de servir n'est pas un critère suffisant. De la même manière, dans Actes 15, les messagers autoproclamés ne sont pas qualifiés seulement parce qu'ils veulent aller à Antioche. L'Église doit faire très attention à qui elle « impose les mains ».

C'est précisément pour cette raison qu'il est inutile de se concentrer trop étroitement sur l'urgence de la mission. Je pense aux sermons et aux slogans qui soulignent surtout l'urgence de la tâche missionnaire. La mission de Dieu *est* urgente. L'enfer est réel et la colère de Dieu est certaine pour tous ceux qui ne sont pas en Christ. Néanmoins, la mission de Dieu n'est ni désespérée, ni en péril. La promesse selon laquelle Christ ne perdra aucun de ceux que le Père lui a donnés ne tient pas à un fil, à deux doigts d'être brisée. Nous pouvons être à la fois proactifs *et* sages. Jésus nous encourage à plaider auprès du maître de la moisson, non pas pour des personnes motivées, mais pour des « ouvriers » (Mt 9.38 ; Lu 10.2). Ce sont ces personnes que nous devons envoyer. Envoyer des personnes non qualifiées peut avoir de mauvaises répercussions qui s'étendent bien au-delà de l'individu.

Quand j'étais enfant, mon père avait une petite entreprise. C'était un homme bon, sage et pieux. Toutefois, ayant passé sa vie à travailler au Texas dans les ranchs et les gisements pétroliers, il n'était pas une personne particulièrement délicate. Il ne prenait pas à la légère le fardeau des employés paresseux ou perturbateurs. Une fois, je l'ai entendu demander à l'un de ses gérants de licencier un employé qui posait problème. Mon père a conclu en disant : « Chaque fois que cet homme est là, c'est comme si deux bons employés étaient absents. » L'image m'est restée. Envoyer les mauvaises personnes à l'étranger n'est pas seulement de la mauvaise gestion. Cela peut entraver l'efficacité des autres ouvriers. Nous n'avons pas besoin de missionnaires qui donnent l'impression que deux missionnaires compétents sont absents.

Faire preuve de sagesse dans le choix des candidats à la mission commence dans la façon d'aborder la mission. Avez-vous déjà entendu quelqu'un dire : « Les chrétiens n'ont pas besoin d'une raison de partir ; ils ont besoin d'une raison de rester » ? Les phrases de ce type ne sont peut-être pas aussi utiles que nous le pensons. Certes, les missionnaires ne sont pas les élites du monde chrétien. Mais est-ce vraiment une bonne idée d'insinuer que celui qui n'a pas de bonne raison de rester est qualifié pour être missionnaire ? Bien sûr que non. Trop souvent, je le crains, les responsables d'Église encouragent le zèle missionnaire chez des personnes aux qualifications discutables et laissent ensuite les « professionnels » des organismes missionnaires entamer les conversations difficiles.

Au lieu de cela, les Églises locales devraient jouer un rôle plus actif et plus réfléchi lorsqu'elles encouragent et équipent leurs membres à aller parmi les nations. Je sais que certains pensent que les Églises manquent d'expertise pour former des missionnaires. Mais en réalité, si vous savez comment former des membres en bonne santé dans votre propre Église, vous connaissez l'essentiel de ce qui est nécessaire pour former un missionnaire. Voici trois choses à évaluer.

Évaluer le caractère

Premièrement, qui est plus en mesure d'évaluer le caractère des futurs missionnaires qu'une Église locale ? Les missionnaires travaillent bien souvent dans des cadres où il n'y a pas forcément de surveillance quotidienne régulière. Leur travail est en grande partie relationnel, non-structuré et initié de façon autonome. Nous devons envoyer des personnes qui sont autonomes, mais aussi fidèles et prêtes à se soumettre à l'autorité. Lorsque nous discutons avec les membres de nos Églises au sujet d'être envoyé vers les nations, c'est nous – et non un organisme missionnaire extérieur à l'Église – qui devrions évaluer leur caractère et les aider à se développer.

Nous devons être prêts à poser des questions gênantes, à exprimer des choses difficiles et à faire preuve de discernement dans nos évaluations. Il arrive souvent que les petits défauts de caractère deviennent de gros problèmes. Il faut être prêt à se demander si ces personnes sont fidèles. Vont-elles terminer la tâche qui leur est confiée, ou auront-elles besoin de beaucoup d'encouragements et de supervision ? Sont-elles dignes de confiance en ce qui concerne l'argent, le temps, leurs responsabilités et l'honnêteté ? S'agit-il de personnes à qui nous confierions des responsabilités importantes dans notre propre Église ?

Dans 1 Timothée 3.1-7 et Tite 1.5-9, l'apôtre Paul nous donne deux listes utiles des traits de caractère positifs dont les anciens devraient être dotés et qui devraient, dans une certaine mesure, distinguer tous ceux que nous envoyons comme missionnaires, qu'ils soient anciens ou non. Oui, nous devons être réalistes et leur donner la chance de grandir. Mais à moins qu'une équipe de missionnaires ne souhaite prendre en charge une personne qui a besoin d'acquérir plus de maturité, nous devrions avoir le courage de dire à cette personne : « Pas encore ». Nous ne devrions jamais abandonner ce rôle aux organismes extérieurs à l'Église.

Évaluer les fruits

Deuxièmement, nous devons évaluer les fruits de la personne. Je suis bien conscient que le fruit de l'Évangile vient de Dieu et qu'une personne peut être fidèle sans que le fruit soit visible. Mais c'est là que l'évaluation au sein d'une Église locale peut être très utile.

Disons que dans mon Église, il y a deux couples qui souhaitent être envoyés à l'étranger en tant que missionnaires. Ils vivent tous deux dans la même communauté et ont des cercles d'amis chrétiens similaires. Le premier couple accueille régulièrement des gens à la maison et entretient des relations significatives avec des personnes du monde entier. Il semblerait que tous les non-chrétiens qui passent du temps avec cette famille finissent par se convertir. À l'inverse, le second couple ne semble jamais établir de relations profondes avec les gens. Ils essaient, mais d'une manière ou d'une autre, cela ne fonctionne pas. Ils tentent aussi d'annoncer l'Évangile, mais personne ne souhaite avoir d'autres conversations à ce sujet avec eux. Ils entament des relations de formation de disciples, mais les personnes ne semblent pas réellement grandir. En fait, la plupart de ces relations s'éteignent tout simplement lorsque ces personnes cherchent d'autres occasions de se former en tant que disciples. Les deux couples aiment Dieu. Ils font tous deux de leur mieux. Mais personnellement, j'encouragerais fortement mon Église à dépenser de l'argent pour envoyer le premier couple à l'étranger, et non le second. Un parcours visiblement fructueux dans la vie d'autres personnes est l'un des grands signes d'un bon missionnaire en devenir. Et de manière générale, qui sera mieux placé qu'une Église pour observer ce genre de fruits avec le temps ?

Évaluer les connaissances bibliques

Troisièmement, en plus des fruits et du caractère, nous devons envoyer des personnes qui se distinguent par leur connaissance et leur compréhension de la Bible. Nous pouvons débattre sur le niveau de *formation* théologique que doivent avoir les missionnaires. Mais la question est, quel niveau de *compréhension* théologique doivent-ils avoir ? Tous ceux qui veulent que l'Évangile soit transmis avec précision et que des Églises saines soient établies devraient se soucier de la dernière question. Laissez-vous inspirer par 1 Timothée 4.16 ou Tite 1.9. L'instruction doctrinale est essentielle. Les raisons en sont (je l'espère) assez évidentes. Transmettre l'Évangile requiert de l'attention et de la réflexion. Nous devons toujours nous assurer d'expliquer et de résumer fidèlement la vérité de la Bible. Or, communiquer l'Évangile dans une nouvelle culture que nous comprenons à peine, dans une langue que nous essayons encore de maîtriser, *cela* demande encore plus de prévenance et de réflexion théologique. L'implantation d'Églises bibliques interculturelles requiert une compréhension profonde, lucide et biblique de la nature et de la fonction d'une Église.

Si vous lisez attentivement les Actes et les épîtres, vous remarquerez que l'hérésie, la confusion et le syncrétisme surviennent le plus souvent aux limites de l'expansion de l'Évangile. C'est pour cette raison que c'est là que nous avons besoin de nos personnes les mieux équipées. Un tel travail ne convient pas à n'importe quel chrétien qui aime simplement partager sa foi. Nous devons nous assurer que ceux que nous envoyons possèdent des connaissances théologiques approfondies, afin que ce qu'ils enseignent puisse être mis en pratique avec exactitude dans la vie de leurs auditeurs jusqu'au retour de Christ.

ÉQUIPER LES FUTURS MISSIONNAIRES

Le rôle de l'Église locale n'est pas seulement d'évaluer, mais aussi d'équiper activement les missionnaires. Nous ne savons peut-être pas grand-chose sur certaines cultures, sur l'apprentissage des langues ou même sur les questions historiques qui façonnent l'attitude d'un peuple à l'égard de l'Évangile. En revanche, l'Église locale est l'endroit parfait – l'endroit que Dieu a choisi – pour cultiver le caractère chrétien, pour encourager les fruits et pour transmettre une doctrine biblique saine. Nous ne devrions pas laisser les quelques éléments que nous ne connaissons pas nous empêcher d'assumer fidèlement et avec assurance la responsabilité de la mission que Dieu a confiée aux Églises. C'est dans les Églises que les missionnaires fidèles sont produits. Si nos Églises font du bon travail à l'égard de nos responsabilités fondamentales, alors nous avons tout ce dont nous avons besoin pour en faire sortir des missionnaires pieux.

Une véritable vie de membre

Dans mon rôle de pasteur, je suis régulièrement confronté à des membres qui me partagent leur désir de participer à une œuvre missionnaire. La personne vient me voir dans mon bureau pour me demander de l'aide dans sa réflexion au sujet de sa propre aptitude à la mission. Elle souhaite également recevoir des conseils sur la préparation et la formation. En général, la personne s'attend à une liste de livres sur le thème de la mission, à des expériences internationales particulières et à des instructions spécifiques sur le travail d'évangélisation interculturelle. Presque chaque fois, ma réponse plonge la personne dans une grande déception. Je me penche vers elle, comme si j'allais lui partager quelque chose d'extraordinaire, et je lui dis : « Essaye d'être un membre particulièrement fidèle et fécond au sein de cette Église locale. » Puis je me redresse, pour la laisser digérer toute la profondeur de ma sagesse.

Au bout d'une minute, je m'explique. Oui, il y a des domaines propres à la mission dont nous pourrions discuter, mais il y en a peu. Je lui recommande surtout de travailler sur elle-même afin de devenir un membre de l'Église qui ouvre sa maison et sa vie à d'autres personnes. De faire la connaissance de personnes différentes du point de vue de l'âge, de l'origine ethnique ou du vécu. De trouver des opportunités d'évangélisation, et ne pas se contenter d'y répondre. De se joindre à des clubs de quartier. De trouver des moyens de faire connaissance avec ses voisins. De prier régulièrement pour une liste de personnes auxquelles il espère partager l'Évangile dans le mois qui suit, puis de le faire!

Je lui dis de faire des disciples. De prendre l'initiative d'aller vers les gens et d'établir délibérément des relations dont le but principal est d'aider une autre personne à grandir en tant que chrétien. De chercher des occasions d'enseigner la Bible en tête-à-tête ou dans le cadre d'une étude biblique en petit groupe. De travailler à développer ses connaissances et ses compétences pour expliquer la vérité biblique. De faire tout cela afin de développer les muscles spirituels que Dieu pourrait bien utiliser un jour de manière transculturelle.

Le cœur de la préparation pour la mission n'est pas l'étude de la mission. C'est la piété, la connaissance de la Bible, le zèle pour l'Évangile, l'amour pour l'Église de Christ et le profond désir de voir Christ glorifié.

Une formation spécifique

Cela ne veut pas dire qu'il n'y a rien que vous puissiez faire pour aider les gens à se préparer à un éventuel service dans la mission. Dans ma propre Église, nous avons un groupe connu sous le nom de « groupe de lecture missionnaire ». Nous lisons un livre par mois, nous rédigeons un texte d'une page contenant nos réflexions, puis nous discutons de notre lecture pendant quelques heures.

Quand des membres se joignent à nous, ils sont parfois surpris par notre liste de lecture. Nous ne commençons pas par des livres sur la mission. Nous commençons par des lectures qui traitent de l'autorité de la Parole de Dieu. Ensuite, nous lisons des livres sur l'Évangile, sur l'évangélisation et sur l'Église. Nous discutons des raisons pour lesquelles une bonne compréhension de tous ces sujets est cruciale pour accomplir un travail missionnaire fidèle. La formation dure dix mois, et ce n'est que vers le sixième mois que nous commençons à lire des livres qui portent spécifiquement sur la pratique de la mission. Nous voulons faire comprendre que notre compréhension de l'Évangile et de l'Église est plus importante que les diverses stratégies missionnaires que nous pourrions employer. Les deux facettes sont importantes. Mais la première est essentielle pour un missionnaire.

Les expériences internationales

Si possible, vous devriez également chercher des moyens d'encourager vos membres à se rendre à l'étranger pour participer à une œuvre d'évangélisation, en particulier avec d'autres responsables de votre Église. Ce serait sage, mais ce n'est pas essentiel.

J'ai connu une femme de plus de soixante-dix ans qui a quitté son Texas natal pour être missionnaire en ex-Union soviétique. Elle a effectué du bon travail, bien qu'il s'agissait non seulement de son premier voyage international, mais aussi de sa première fois à l'extérieur du Texas. Les voyages et l'expérience internationale ne sont pas des prérequis au travail missionnaire. En revanche, l'amour de l'Évangile, une vie de fidélité, l'approbation de l'Église et la volonté de partir sont des prérequis. Le missionnaire n'est pas une personne qui voyage dans le monde entier et dont le passeport est rempli. Les meilleurs missionnaires ont tendance à se rendre à un endroit et à y rester, parfois pour le reste de leur vie.

Cependant, dans notre monde moderne, il est souvent relativement facile et peu cher de visiter un endroit avant de s'y installer, et il est très utile d'être accompagné d'un responsable d'Église. La personne peut ensuite parler de son expérience et découvrir comment elle s'en sort dans une nouvelle culture. Se replie-t-elle sur les réseaux sociaux ou derrière le rempart insonorisé de ses écouteurs ? Ou profite-t-elle de l'endroit et des habitants ? Se fait-elle de nouveaux amis et fait-elle de son mieux pour s'ouvrir aux autres ? Compte tenu de l'immense investissement que représente l'installation d'un missionnaire à l'étranger, il serait probablement judicieux de dépenser un peu d'argent pour effectuer un voyage d'exploration au préalable.

L'engagement local avec les ressortissants étrangers

Bien sûr, certaines personnes n'ont pas besoin de prendre l'avion pour avoir des relations interculturelles. À de nombreux endroits, de grandes communautés de personnes issues d'autres nations peuvent être évangélisées librement là où nous vivons. Non seulement la présence de ressortissants étrangers dans nos villes d'origine offre des occasions favorables à l'évangélisation, mais elle constitue également un bon moyen de tester le désir d'une personne de travailler à plein temps avec d'autres cultures pour l'Évangile. Les relations interculturelles peuvent enthousiasmer et énergiser une personne, alors qu'elles en épuisent d'autres. Ceux qui aiment établir des relations avec les ressortissants étrangers sont probablement mieux adaptés pour le travail missionnaire. Mais comment le sauront-elles si elles n'ont pas de telles relations ?

POURVOIR À UN SOUTIEN FINANCIER GÉNÉREUX

Non seulement nos Églises doivent être sages lorsqu'elles envoient des missionnaires, mais nous devons aussi les soutenir de manière appropriée. Notre soutien envers les missionnaires doit être aussi abondant que la Parole de Dieu l'encourage.

Lorsque nous nous engageons à envoyer ou à soutenir des missionnaires, nous devons faire en sorte que nos dons soient sérieux, considérables et sacrificiels. Que nous donnions directement aux missionnaires ou par l'intermédiaire d'un organisme qui envoie des missionnaires, nous devons avoir comme objectif de pourvoir généreusement aux besoins des ouvriers afin qu'ils ne manquent de rien.

Curieusement, les chrétiens ont parfois une conception piétiste du « ministère de la foi », qui va même à l'encontre de la Bible. Pendant presque dix ans, j'ai fait partie du conseil d'administration d'un grand organisme missionnaire. Nous n'étions pas parfaits, et certaines choses méritaient d'être critiquées. Au cours de cette décennie, une des critiques fréquentes de la part d'autres croyants était que nous payions trop cher nos missionnaires. Je crois que dans l'ensemble, je suis plutôt ouvert à la critique, mais j'avoue que dans ces moments-là, j'avais tendance à secouer la tête de perplexité. Comme nous l'avons relevé précédemment, Dieu nous charge de veiller à ce que ses missionnaires « ne manquent de rien » et à ce qu'ils soient soutenus d'une manière digne de sa richesse et sa valeur infinies. Certes, je suppose qu'il est possible d'être excessif en matière de rémunération. Mais de manière générale, les employés de notre organisation gagnaient moins qu'une famille de même taille vivant aux États-Unis. Cela ne semble guère dépasser les mots ou l'esprit de la Parole de

Dieu. Je pense que notre soutien semblait excessif par rapport au soutien insuffisant accordé à tant d'autres missionnaires.

Je ne sais pas comment est née l'idée que les missionnaires pauvres sont l'équivalent de missionnaires pieux. Quoi qu'il en soit, notre tâche consiste à comprendre la Parole de Dieu et à y obéir. Et cela implique d'approvisionner suffisamment tous ceux que nos Églises envoient au nom de Jésus. Dans la providence de Dieu, beaucoup d'ambassadeurs de l'Évangile se trouvent tout de même dans le besoin. Le livre des Actes et l'histoire qui s'ensuit sont remplis de ce genre de récits. Mais c'est à Dieu que revient le droit de déterminer ces moments d'épreuve. En ce qui nous concerne, nous devons nous efforcer d'être fidèles dans notre tâche d'envoi et de soutien.

S'ASSOCIER À UN BON ORGANISME MISSIONNAIRE

J'ai fait allusion à la place et aux limites des organismes missionnaires. La relation potentielle entre une Église et un organisme missionnaire est un concept que n'importe qui pourrait avoir du mal à comprendre. Qui devrait assumer la responsabilité ultime du bien-être des missionnaires ?

Considérez l'analogie suivante. Certaines personnes choisissent de faire l'école à la maison avec leurs enfants. D'autres envoient leurs enfants dans une école. Dans le premier cas, les parents sont responsables de toutes les décisions en matière d'éducation : programme scolaire, emploi du temps, et ainsi de suite. Dans le second cas, les parents délèguent un grand nombre de ces décisions aux enseignants. Ces deux situations peuvent être bonnes, si le choix est mûrement réfléchi. Mais dans les deux cas, les parents restent toujours les parents de l'enfant, et l'enfant reste leur enfant. Au bout du compte, les parents restent toujours responsables devant Dieu.

Il en va de même pour l'envoi de membres de l'Église en tant que missionnaires. Certaines Églises peuvent envoyer leurs propres membres directement et prendre tout en charge. Notre Église le fait occasionnellement (mais cela représente beaucoup plus de travail que vous pourriez penser). Toutefois, la plupart des Églises font appel à un organisme missionnaire pour les aider dans l'envoi de leurs membres. En temps normal, notre Église s'associe à ce genre d'agence. Cette option implique de déléguer à l'agence une grande partie de la prise de décisions sur le terrain. Mais, quel que soit le mode d'envoi, l'Église locale à laquelle le missionnaire est rattaché demeure responsable de son bien-être. Une relation saine avec un bon organisme missionnaire peut être un excellent point de départ pour la mission. Mais malheureusement, de nombreuses Églises utilisent les organismes missionnaires extérieurs à leur Église d'une manière qui ressemble plus à de l'abdication qu'à de la délégation. Prier et envoyer de l'argent n'est pas la seule responsabilité des Églises envers les personnes qu'elles envoient à l'étranger. Inversement, certains organismes sont excessivement heureux d'assumer la responsabilité que Christ a confiée spécifiquement à l'Église locale.

Néanmoins, la place centrale qu'occupe l'Église locale dans la mission ne signifie pas que c'est une bonne chose pour les Églises de ne pas coopérer ou de faire cavalier seul. Comme nous l'avons vu dans 3 Jean et dans Philippiens, les Écritures encouragent la coopération entre les Églises pour l'envoi et le soutien des missionnaires. Cela s'effectue notamment par le biais d'organismes qui se joignent aux Églises afin de coopérer pour envoyer des personnes à l'étranger. Certains organismes servent une famille d'Églises définie, comme l'International Mission Board de la Southern Baptist Convention, avec laquelle ma propre Église coopère énormément. D'autres sont plus générales. Toutefois, les meilleures d'entre elles ont des caractéristiques communes. Elles offrent une formation solide aux nouveaux missionnaires sur des sujets pour lesquels l'Église locale n'est peut-être pas assez équipée, comme l'apprentissage des langues, les questions culturelles particulières, la gestion des impôts à l'étranger, la sécurité informatique ou la santé des missionnaires. Les agences missionnaires peuvent également assurer une supervision quotidienne et un soutien stratégique sur le terrain que la plupart des Églises ne peuvent tout simplement pas fournir.

Si une agence ne peut pas transformer un croyant immature en un missionnaire fécond en quelques semaines ou quelques mois de formation, elle peut néanmoins avoir beaucoup à enseigner à nos missionnaires. Les meilleures agences refusent de s'imposer et d'agir à la place de l'Église locale. Au contraire, elles l'encouragent et l'aident, parfois en l'éclairant même sur son important rôle dans la prise en charge des ouvriers qu'elle envoie. En coopérant avec une Église, l'organisme peut l'aider à envoyer des ouvriers dans des endroits difficiles d'accès que la plupart des Églises ne pourraient pas atteindre seules.

PRÉSERVER LA RESPONSABILITÉ DE L'ÉGLISE LOCALE

Pour la plupart des Églises, un bon organisme missionnaire est un partenaire de grande valeur. Qu'elle envoie des missionnaires directement ou par l'intermédiaire d'une agence, l'Église locale doit toutefois assumer la responsabilité du bien-être des personnes qu'elle envoie. À quoi ressemble une Église locale qui prend soin de ses missionnaires ? Au fond, c'est une Église qui cherche à connaître leurs besoins et qui agit pour leur bien. Voici quelques éléments importants à prendre en compte.

Une communication régulière

La capacité d'une assemblée à prendre soin de ses missionnaires repose sur une communication régulière. Nous ne pouvons pas répondre à des besoins que nous ne connaissons pas, et il est difficile de répondre aux besoins pastoraux si les relations s'atrophient. Heureusement, il n'a probablement jamais été aussi facile d'entretenir des relations à distance. Avec les messages électroniques et les divers services de vidéoconférence, il n'y a normalement aucune raison de perdre le contact avec les missionnaires. Cela demande tout de même des efforts. Des emplois du temps surchargés, le décalage horaire et parfois des questions de sécurité sont des raisons qui peuvent nous amener à espacer les contacts. Les responsables d'Églises devraient penser à fixer un rendez-vous mensuel régulier où ils appellent chaque personne soutenue. Par ailleurs, ils peuvent déléguer cela à un autre membre de l'Église qui est prêt à maintenir un contact régulier avec chaque missionnaire et à faire occasionnellement un rapport à l'Église.

Les visites pastorales

En parallèle aux appels ou aux courriels réguliers, il serait difficile de surestimer la valeur des visites pastorales occasionnelles faites aux ouvriers à l'étranger. Je ne parle pas de voyages de courte durée ou de visites dans le cadre de projets. Je parle des visites qu'un pasteur (ou un ancien) fait aux missionnaires dans le seul but de voir comment ils vont et de les encourager spirituellement. J'ai vu de mes propres yeux le pouvoir de ce genre de visites.

Une fois, un ancien de notre Église et moi avons rendu visite à une famille qui travaillait en Asie centrale. Ils venaient d'être expulsés d'un autre pays où ils avaient travaillé pendant des années. Ils étaient découragés. Nous nous sommes donc arrangés pour les rejoindre dans leur nouvelle ville pour quelques jours. Ils n'avaient pas encore fini de s'installer dans leur nouvel appartement. Leurs enfants étaient perturbés, à juste titre. La plupart des repas étaient ponctués de crises de la part des enfants. Nous ne pouvions pas arranger leur situation. Nous avons simplement discuté et prié avec eux le soir, lu quelques passages bibliques à haute voix et fait quelques longues promenades en les écoutant. Soixante-douze heures après, nous étions partis. Franchement, cela ne m'a pas semblé énorme. Mais, comme l'a fait remarquer un jour un pasteur sage, nous ne sommes pas toujours les meilleurs juges du fruit de notre ministère.

Quelques années plus tard, cette famille de missionnaires a fait un séjour aux États-Unis, et le mari est venu à l'une des réunions d'anciens de notre Église. Il a raconté à notre conseil des anciens combien les dernières années avaient été difficiles : expulsion et déménagement, obstacles sur leur route et opposition. Il a ensuite raconté que lui et sa femme avaient décidé qu'ils en avaient fini avec la mission et qu'ils envisageaient de rentrer aux États-Unis. C'est à ce moment-là qu'un de mes collègues et moi sommes passés pour leur rendre visite. À mon grand étonnement, il a dit que Dieu a utilisé le peu de temps que nous avions passé avec eux pour leur rappeler la raison de leur sacrifice et pour leur redonner la passion de faire connaître l'Évangile, quel que soit le prix à payer. Mon collègue et moi nous sommes regardés avec stupéfaction. Dans sa bonté, Dieu a utilisé notre petit effort pour accomplir bien plus que ce que nous aurions pu imaginer.

Mais l'histoire ne s'arrête pas là. Plusieurs années après cette visite d'anciens, la famille missionnaire est retournée dans le pays dont elle avait été expulsée. En partie grâce à leur persévérance dans l'effort, il y a maintenant une équipe de plus d'une vingtaine d'autres missionnaires présente dans tout le pays.

L'un des passages les plus intéressants du livre des Actes est celui où Paul, le pionnier missionnaire par excellence, se tourne vers son ami Barnabas et lui dit : « Retournons voir les frères dans toutes les villes où nous avons annoncé la parole du Seigneur, pour voir en quel état ils sont » (Ac 15.36). Paul saisissait l'importance des relations et l'intérêt de vérifier la situation des ouvriers et des jeunes Églises.

De la même manière, les Églises qui envoient et soutiennent des missionnaires devraient être prêtes à investir le temps et les ressources nécessaires pour tout simplement « voir en quel état ils sont ». Les visites visant à les aimer, les écouter et les encourager par le biais de la Bible et de la prière peuvent accomplir bien plus que ce qu'on peut imaginer. Les missionnaires ont besoin d'encouragement pastoral et de rappels de la Parole de Dieu. Lorsque nous les valorisons suffisamment pour investir notre temps dans ce seul but, l'impact peut être ressenti durant d'innombrables années et dans un nombre incalculable de vies.

Envoyer de l'aide à court terme

Pour bien soutenir les missionnaires, il faut également être sensible à la manière, au moment et à l'utilité d'envoyer des équipes à court terme pour travailler avec eux. J'aborderai le sujet des équipes de courte durée au chapitre 6. Mais pour l'instant, il est important de noter que toutes les équipes à court terme ne représentent pas forcément une aide. Envoyer des personnes au mauvais moment, avec des compétences inadaptées, ou simplement le mauvais type de personnes, n'aidera pas vos missionnaires de longue durée. La meilleure façon de s'assurer que le travail à court terme sera réellement apprécié est d'envoyer les équipes lorsqu'elles sont demandées. Précisez à vos missionnaires de longue durée que l'accueil d'équipes de courte durée n'est pas une condition à votre soutien. Donnez-leur la liberté de décider qui doit venir et quand, et même si une présence est nécessaire ou non. Sans cela, il est fort probable que les projets à court terme servent vos propres intérêts, au détriment des missionnaires que vous prétendez vouloir aider.

Faire preuve d'hospitalité

L'une des meilleures façons de s'occuper des missionnaires est de faire littéralement ce que la Bible dit, c'est-à-dire de faire preuve d'hospitalité à leur égard (3 Jn 1.8). J'aimerais que la mise en pratique de la Bible soit toujours aussi simple. L'hospitalité est importante lors de courtes visites, mais plus encore lorsque des missionnaires sont de retour de temps en temps pour une durée d'un mois entier, comme le font la plupart d'entre eux. Pendant ces visites plus longues, réfléchissez à ce que votre Église peut mettre en place pour proposer un logement gratuit aux missionnaires que vous soutenez. Planifiez et budgétisez cela à l'avance. Et ne vous arrêtez pas au logement. Cherchez des moyens de les aider à faire partie intégrante de votre assemblée. Il faut que nos ouvriers puissent se reposer, se ressourcer et reprendre contact avec leurs amis et les responsables de l'Église. Ils ne pourront pas le faire si des soucis financiers les obligent à vivre loin, chez des parents ou dans une autre Église plus disposée à leur fournir le logement dont ils ont besoin.

Fournir des équipiers supplémentaires

Enfin, le meilleur cadeau que nous puissions offrir aux missionnaires que l'on soutient est peut-être de leur envoyer davantage d'équipiers. La plupart des missionnaires que je connais sont profondément reconnaissants de notre soutien financier. Ils apprécient nos visites de courte durée, lorsqu'elles sont effectuées au moment approprié. Ils sont reconnaissants lorsque nous les accueillons lorsqu'ils rentrent quelque temps au pays. Mais par-dessus tout, ce que la plupart des missionnaires désirent ardemment, ce sont plus de frères et sœurs qualifiés qui partagent la même vision et qui souhaitent se joindre à eux dans leur travail.

L'un des moyens d'envoyer plus d'ouvriers est d'encourager régulièrement l'assemblée à prier pour que Dieu envoie certains d'entre eux pour qu'ils rejoignent des missionnaires, en particulier lorsque nous prions pour ces missionnaires. Nous pouvons également encourager les membres qui pensent à la mission à envisager de rejoindre d'abord les travailleurs qui sont déjà soutenus par l'Église. Si vous faites suffisamment confiance aux missionnaires pour accepter de les soutenir, vous devriez leur faire suffisamment confiance pour les laisser recruter au sein de votre assemblée. Lorsque l'objectif est l'implantation d'Églises, les équipes missionnaires doivent particulièrement être composées d'individus qui partagent les mêmes idées. L'ajout de collaborateurs provenant de l'Église d'origine (ou d'une autre Église que vous connaissez bien et appréciez) est peut-être l'une des meilleures façons d'obtenir cette unité d'esprit.

CONCLUSION

Tant que votre Église pourvoit aux besoins matériels des missionnaires, ceux-ci sont, d'une certaine manière, responsables devant votre Église, et vous êtes responsables d'eux. C'est l'essence même du partenariat dans la vérité dont parle Jean dans 3 Jean 1.8. La même idée est énoncée à la forme négative dans 2 Jean 1.10, où Jean nous demande d'éviter ceux qui enseignent des faussetés en disant : « Ne le recevez pas dans votre maison, et ne lui dites pas : Salut ! » Nous devons choisir soigneusement les personnes à envoyer. Nous devons bien les préparer au moyen d'un travail fructueux et fidèle. Et nous devons les envoyer, les soutenir et les aimer même une fois qu'ils sont loin. C'est une joie et un privilège de participer à une telle œuvre. C'est ce que fait une Église saine. Que ceux qui sont envoyés et ceux qui envoient embrassent ces relations pour le bien des uns et des autres, pour la joie des nations et pour la gloire de Dieu.

4

REMETTRE LA MAISON EN ORDRE

J'ai vraiment aimé ma première année d'université, mais elle a failli me tuer. J'étais un étudiant enthousiaste, c'est le moins qu'on puisse dire. En un seul semestre, j'ai suivi des cours pour l'équivalent de vingt et un crédits (la norme d'un temps plein étant de quinze crédits) et j'ai rejoint tellement de clubs que je ne pourrais tous les nommer. J'étais membre de clubs politiques, de clubs chrétiens, de clubs liés à mon domaine d'études et de clubs sociaux. Je ne disais jamais non aux bonnes choses. À la fin du semestre, mes notes étaient bonnes, mais pas ma santé. J'avais à peine dormi et j'avais perdu du poids. Lorsque je suis rentré à la maison cet été-là, ma mère m'a regardé, elle m'a posé quelques questions pour en savoir plus, puis elle a déclaré avec sagesse qu'elle ne signerait aucun autre chèque pour l'université, à moins que je ne réduise d'un tiers la charge de cours et que je quitte la moitié de mes clubs.

Elle avait raison. Ce qui ressemblait à du zèle était en réalité de la folie de jeunesse, mêlée à une certaine dose d'orgueil. Je suis un être fini et limité, et cette leçon a été difficile à apprendre.

Il y a de fortes chances que votre Église ait besoin d'apprendre la même leçon dans le domaine de la mission mondiale. Trop d'Églises mesurent leur amour pour les nations à l'étendue de leurs engagements missionnaires, et non à la profondeur. J'ai vu beaucoup de couloirs d'église ornés d'une carte avec une épingle pour chaque endroit où l'Église soutient un missionnaire. Cela peut être bien, sauf si l'Église croit qu'avoir beaucoup d'épingles équivaut à avoir un plus grand impact sur la mission. En réalité, cela signifie souvent l'opposé, à savoir que quelques missionnaires à peine connus des membres de l'Église bénéficient d'un soutien dérisoire. Mais que se passe-t-il si les Églises inversent les critères de l'étendue et de la profondeur ? Que se passe-t-il si une Église fait don de la même somme d'argent, mais qu'au lieu de cinquante épingles, il n'y en a que cinq ou dix ? Ou dans le cas d'une grande Église, beaucoup d'épingles, mais seulement dans trois ou quatre zones du monde. Comment cela change-t-il la donne ?

Même une Église de taille modeste pourrait apporter un soutien financier important à quelques missionnaires. Et c'est sans parler des relations. Lorsque les missionnaires soutenus sont concentrés dans quelques zones bien ciblées, cela permet un soutien financier important, une communication régulière, des visites pastorales et un bon accueil lorsqu'ils rentrent chez eux pour des congés. Cela permet également aux membres de se renseigner sur les quelques endroits envers lesquels l'Église est engagée. Ils ne sont pas désorientés par un large éventail de relations superficielles. Au lieu de cela, ils peuvent se concentrer sur un ou deux missionnaires, apprendre à les connaître et se renseigner sur les endroits où ils servent.

Dans le même ordre d'idée, je connais des Églises dont les engagements missionnaires semblent englober littéralement toutes les bonnes activités que l'on pourrait imaginer. Des orphelinats à l'éducation, en passant par les émissions de radio et l'évangélisation des étudiants, ils s'engagent dans toutes les bonnes œuvres à leur portée. Ne vous méprenez pas, toutes ces choses sont bonnes. Mais à un moment donné, nous devons dire non, même aux bonnes choses. Nous devons établir des priorités, nous concentrer et discerner ce qui est le plus important pour notre Église.

Pour l'avoir vécu personnellement, je connais la valeur et la difficulté d'une telle focalisation. Dans ma propre Église, il y a quelques années, on m'avait donné le surnom discutable de « coupeur de tête des missionnaires ». J'ai contribué à réduire notre liste de soutien missionnaire. Celle-ci est passée de dizaines de personnes que nous connaissions à peine, à une poignée d'ouvriers en qui nous espérions investir plus en profondeur. Cela semble être une bonne idée en théorie, mais tant que vous n'aurez pas fait pleurer une chère sœur en Christ en lui expliquant pourquoi vous lui retirez votre soutien, vous ne comprendrez peut-être pas en quoi la démarche est si difficile. C'est probablement la raison pour laquelle tant d'Églises collectionnent les missionnaires sans jamais les évaluer, et ne les retirent de la liste que lorsqu'ils commettent une grave faute morale.

Avant que certains pensent que nous sommes cruels, je précise toutefois que nous avons agi avec sensibilité. Nous avons contacté tous les missionnaires que nous soutenions et nous avons enquêté sur leur travail. Avec les responsables, nous nous sommes réunis pour déterminer qui nous allions continuer de soutenir et qui nous allions cesser de soutenir, puis nous avons donné à nos missionnaires un délai de trois ans. Nous leur avons fait part de nos intentions la première année, et nous avons maintenu un soutien total la deuxième année. Puis, nous avons réduit ce soutien de moitié lors de la troisième année et ce n'est qu'au début de la quatrième que nous l'avons totalement interrompu. Même faire cela a été émotionnellement déchirant pour beaucoup. Mais il fallait le faire. Nous ne pouvions tout simplement pas nous concentrer sur autant d'endroits et de projets à la fois sans tout bâcler.

Comment avons-nous choisi qui garder et qui laisser aller ? Beaucoup faisaient du bon travail. Mais à la lumière de la Bible, trois principes se sont démarqués. Premièrement, nous nous sommes concentrés sur les œuvres qui visaient à implanter ou à renforcer les Églises locales. Deuxièmement, nous nous sommes focalisés sur les œuvres bien exécutées sur le plan théologique et méthodologique. Troisièmement, nous nous sommes concentrés sur le travail et les missionnaires avec lesquels nous pouvions avoir des relations personnelles. Examinons chacun de ces trois principes.

SE CONCENTRER SUR L'ÉGLISE LOCALE

Habituellement, le travail le plus stratégique que nous pouvons soutenir est celui qui vise à établir des Églises locales saines. Il peut se traduire de deux façons : soit par l'évangélisation pionnière et l'implantation d'Églises au sein d'une population non atteinte par l'Évangile, soit par le renforcement des Églises locales déjà en place, mais faibles, mal instruites et vulnérables. Dans la Bible, les deux démarches sont présentées comme un travail missionnaire stratégique.

L'implantation d'Églises pionnières est le battement de cœur de l'apôtre Paul. C'est cette passion qui l'anime lorsqu'il écrit les mots de Romains 15.20,21 :

> Et je me suis fait honneur d'annoncer l'Évangile là où Christ n'avait point été nommé, afin de ne pas bâtir sur le fondement d'autrui, selon qu'il est écrit : Ceux à qui il n'avait point été annoncé verront, et ceux qui n'en avaient point entendu parler comprendront.

Aujourd'hui, ce travail représente toujours un choix stratégique. Bien que les statistiques varient considérablement, la plupart s'accordent pour dire que seule une infime partie (peut-être 20 % ou moins) des missionnaires protestants travaillent parmi les peuples de la moitié du monde la moins atteinte. Les 80 % restants, voire plus, travaillent parmi les peuples ayant une facilité d'accès à l'Évangile et pour des Églises chrétiennes déjà établies.

Les implications qui en découlent pour votre soutien missionnaire semblent évidentes. Supposons que vous ayez des fonds pour soutenir un seul missionnaire et que vous deviez choisir entre deux ouvriers compétents impliqués dans l'évangélisation et l'implantation d'Églises. L'un travaille parmi un peuple qui compte des centaines d'Églises et des milliers de chrétiens. L'autre travaille dans un pays très restrictif qui ne compte que quelques chrétiens et pratiquement aucune Église. S'ils sont égaux dans tout le reste, il faut financer celui qui exerce un travail parmi les personnes non atteintes. Je sais qu'il y a des circonstances exceptionnelles et qu'il existe des stratégies qui consistent à toucher les personnes non atteintes depuis un endroit déjà atteint. Toutefois, le Nouveau Testament semble aller dans le sens de la diffusion de l'Évangile par les Églises, à « ceux qui n'en *[ont]* point entendu parler ».

L'œuvre d'évangélisation devrait être accomplie dans l'optique d'établir des Églises locales. C'est ce que nous voyons tout au long de la Bible. Certes, aucun verset de la Bible ne déclare : « Allez implanter des Églises. » Mais nous savons que tous les chrétiens doivent se rassembler dans des Églises locales, sans abandonner leur assemblée (Hé 10.25). Et partout où les missionnaires du livre des Actes voyaient qu'il pouvait y avoir une moisson d'âmes, une Église était implantée (Ac 14.1-23 ; 18.8 ; 19 ; 20). Le but de la mission est d'unir des Églises qui implantent d'autres Églises.

Le travail pionnier n'est cependant pas le seul que les Écritures considèrent comme stratégique. Au début de la lettre de Paul à Tite, nous lisons ceci : « Je t'ai laissé en Crète, afin que tu mettes en ordre ce qui reste à régler, et que, selon mes instructions, tu établisses des anciens dans chaque ville » (Tit 1.5). La mise en ordre des Églises sur le plan biblique était une priorité pour Paul, et elle devrait sûrement l'être pour nous aussi. Il peut être passionnant d'envoyer et de soutenir des missionnaires dans une communauté non atteinte par l'Évangile et les voir repousser les ténèbres. Paul démontre également qu'il vaut la peine d'investir certains de nos meilleurs éléments dans le renforcement des Églises là où l'Évangile est déjà connu et où des Églises sont déjà en place. De même, Paul déclare ceci à son jeune collègue missionnaire Timothée :

> Je te rappelle l'exhortation que je t'adressai à mon départ pour la Macédoine, lorsque je t'engageai à rester à Éphèse, afin de recommander à certaines personnes de ne pas enseigner d'autres doctrines, et de ne pas s'attacher à des fables et à des généalogies sans fin, qui produisent des discussions plutôt qu'elles n'avancent l'œuvre de Dieu dans la foi (1 Ti 1.3,4).

En plus d'aider les Églises à être structurées de manière biblique, Paul veut établir une doctrine biblique saine et solide, ainsi que protéger les nouvelles Églises de l'erreur et des faux enseignements. Il souhaite investir son associé, peut-être le plus précieux, non pas dans un travail pionnier en Macédoine, mais dans la continuité du travail d'implantation d'Églises saines à Éphèse. Nous qui aimons les nouvelles perspectives et la rapidité devrions d'autant plus tenir compte des instructions bibliques à cet égard.

Beaucoup d'entre nous peuvent imaginer à quoi ressemble le travail pionnier de la mission, mais ils ont du mal à imaginer en quoi consiste le renforcement des Églises existantes. Il ne s'agit pas d'encourager les missionnaires à rester aux commandes de l'Église bien après l'établissement de responsables locaux compétents. Cela arrive parfois, et les fruits en sont généralement mauvais. Il s'agit plutôt d'encourager délibérément l'autonomie des responsables et de les équiper. Cela peut impliquer de travailler pour la santé des Églises dans des communautés où celles-ci sont en place depuis longtemps, mais négligées et faibles. Au sens formel et traditionnel, cela peut impliquer d'enseigner dans une école biblique ou de former des implanteurs d'Églises locales dans une Église locale bien établie. Sur un plan plus informel, il peut s'agir de faire des disciples et de former des responsables d'Églises dans le logement d'un missionnaire dans un pays où l'accès est plus restreint. Le fait est qu'une fois que les Églises sont bien organisées, il reste souvent un travail stratégique à effectuer par des missionnaires extérieurs. Nous ne devons pas laisser notre saine passion pour trouver les brebis perdues dans de nouveaux pâturages nous tromper, en nous poussant à négliger les troupeaux qui sont déjà rassemblés et rachetés par le précieux sang de Christ.

SE CONCENTRER SUR CEUX QUI FONT DU BON TRAVAIL

Nous devons également concentrer notre soutien sur les missionnaires qui excellent, autant dans leur théologie que dans leur pratique personnelle. Souvent, les Églises et les individus semblent réticents à évaluer en profondeur la théologie et la qualité des personnes qu'ils soutiennent. Cela n'a pas de sens à mes yeux. Si un missionnaire est offensé parce que vous souhaitez en savoir plus sur les grandes lignes de sa théologie, vous devriez voir cela comme un signal d'alarme. La plupart des missionnaires que j'ai connus au fil des ans étaient heureux de discuter de leur théologie personnelle. Dans un premier temps, vous pouvez leur demander de confirmer la confession de foi de votre Église. Faites preuve de jugement pour déterminer dans quelle mesure il est acceptable d'avoir des divergences de croyances avec sa propre Église. Une autre façon d'analyser leur théologie consiste à demander quels livres les ont influencés dans leur ministère. Bien sûr, leur rendre visite et apprendre à les connaître personnellement est la meilleure façon de découvrir ce qu'ils croient.

Il y a deux choses que vous devez analyser tout particulièrement chez les missionnaires ou candidats missionnaires : l'Évangile et l'Église. Je rencontre parfois des missionnaires qui, j'en suis sûr, aiment l'Évangile, mais qui seraient incapables de l'exprimer clairement même si leur vie en dépendait. Ils ne semblent pas non plus saisir l'importance de concepts comme la repentance ou la nature trinitaire de l'Évangile. Plus souvent encore, j'ai rencontré des personnes envoyées à titre d'implanteurs d'Églises, mais qui étaient bloquées lorsqu'on leur demandait : « Qu'est-ce qu'une Église et à quoi sert-elle ? » Certaines ne savaient tout simplement pas ; d'autres donnaient des réponses enracinées dans leur préférence personnelle et dépourvues de vision biblique. Mais quelques-uns, sur le ton affectueux d'un homme décrivant son épouse, se lançaient dans une description profondément ancrée dans la Bible des marques essentielles d'une Église et de sa fonction biblique. Soutenez ces missionnaires !

De même, vous devez évaluer la qualité de la pratique personnelle des missionnaires, tant dans leur ministère que dans tout autre travail effectué dans leur champ d'action. Posez des questions approfondies. Si un missionnaire est offensé parce que vous lui demandez une description de ce qu'il a fait au cours de la semaine ou du mois écoulé, il y a de quoi s'inquiéter. De nombreux missionnaires travaillent dans des contextes où la supervision directe est presque inexistante. La plupart sont fidèles, mais en tant qu'êtres humains déchus, certains ne le sont pas. La volonté de partir à l'étranger pour la cause de l'Évangile ne révèle pas leur caractère, leurs compétences ou leur éthique de travail. Savez-vous s'ils ont une bonne réputation auprès des autres expatriés et des locaux ?

Ce souci devrait s'étendre même aux activités laïques auxquelles ils participent. Si un missionnaire dirige une entreprise pour obtenir un visa dans un pays hostile à l'Évangile, renseignez-vous sur cette entreprise. Fait-il vraiment les choses qu'il prétend faire, ou bien ment-il activement au gouvernement qui l'accueille ? Il est très peu probable que des missionnaires qui mentent sur leur travail afin de partager la vérité servent la cause de l'Évangile. C'est un domaine qui comporte quelques zones grises, mais de manière générale, nous devons demander à nos missionnaires de faire preuve d'intégrité et d'honnêteté en toutes choses. Comment les responsabiliser ? Tout simplement en donnant de l'argent à ceux qui semblent travailler avec intégrité, et en refusant de soutenir ceux qui ne le font pas.

Cependant, lorsque vous approuvez des missionnaires, prenez en compte l'équilibre entre le temps dont ils disposent et le niveau de soutien financier que vous leur accordez. Cela peut sembler matérialiste, mais vous ne pouvez pas donner une somme annuelle infime à un missionnaire et vous attendre à ce qu'il passe beaucoup de temps à répondre à vos questions. Cela nous ramène au conseil que j'ai donné précédemment, selon lequel vous devez concentrer votre soutien sur quelques relations ciblées. Si votre Église pourvoit à une part importante des finances d'un missionnaire, cela change la donne, non ? Il est alors légitime d'attendre du missionnaire qu'il réponde à l'engagement dont votre Église fait preuve par son soutien financier. Étant donné que nous avons tous des budgets limités, nous devons soutenir les missionnaires qui travaillent avec excellence en toutes choses.

SE CONCENTRER SUR LES PERSONNES QUE L'ON CONNAÎT ET EN QUI ON A CONFIANCE

Il faut également que les missionnaires soutenus soient connus, non seulement des responsables, mais aussi de l'ensemble de l'Église. Il n'est pas rare que des pasteurs ou des responsables de mission s'enthousiasment à l'idée de soutenir un missionnaire qu'ils connaissent depuis l'université ou qu'ils ont rencontré lors d'une conférence. Cela peut être un bon point de départ. Cependant, si nous voulons que nos missions soient soutenues par l'ensemble de l'Église, nous devons l'impliquer non seulement dans les finances, mais aussi dans les relations. La meilleure façon d'y parvenir est probablement d'héberger et d'accueillir les missionnaires, en particulier lors des longs séjours qu'ils font dans votre pays. Cela peut représenter un certain coût, mais le fruit de ces relations est inestimable. Vos liens se renforceront également si vous trouvez le moyen d'envoyer des membres, en particulier des responsables d'Église, passer du temps avec vos missionnaires à l'étranger. Les relations sont essentielles.

Méfiez-vous de la rapidité, des chiffres et des solutions miracles

Lorsque nous sommes en réflexion sur notre engagement missionnaire, la prudence est de mise. Quand nous évaluons des projets, des organisations et des missionnaires, nous devons être conscients que notre affinité naturelle pour la rapidité, les gros chiffres et les raccourcis peut parfois causer des résultats tragiques dans la mission.

J'ai personnellement visité plusieurs pays où des missionnaires bien intentionnés étaient si obnubilés par la rapidité et les chiffres, et si insouciants dans leurs méthodes, que des Églises nouvellement implantées étaient abandonnées. Cela ressemblait plus à des avortements spirituels qu'à des naissances. Leur désir de prendre des raccourcis a mis de côté le travail lent et patient de l'enseignement biblique. Sans surprise, ces nouveaux rassemblements sont vite tombés en proie aux faux enseignements, aux dérives sectaires ou tout simplement à la dissolution. Dix ans plus tard, les plaies n'ont toujours pas cicatrisé. Le plus tragique, c'est que dans ces endroits, d'innombrables âmes pensent avoir vu et expérimenté le christianisme, alors que ce n'est pas le cas. Ainsi, elles semblent hermétiques au véritable Évangile biblique, même si quelqu'un de plus fidèle le leur partage. Que Dieu nous pardonne.

Le travail de la mission est urgent, mais il n'est pas frénétique. Nous aspirons à une récolte, mais Dieu n'a jamais garanti un taux de progression. Lorsque nous lisons la Bible, nous voyons plutôt le souci constant que les missionnaires de Dieu n'abandonnent jamais leur patience et leur persévérance dans la fidélité. Il n'y a sûrement rien de plus parlant que l'exhortation de Paul à son frère d'armes et co-missionnaire implanteur d'Églises, Timothée. Paul déclare :

> Je t'en conjure devant Dieu et devant Jésus-Christ, qui doit juger les vivants et les morts, et au nom de son avènement et de son royaume, prêche la parole, insiste en toute occasion, favorable ou non, reprends, censure, exhorte, avec toute douceur et en instruisant (2 Ti 4.1,2).

Ces derniers mots – « avec toute douceur et en instruisant » – devraient résonner en nous alors que nous évaluons nos efforts missionnaires et nos partenariats. Dieu sait que nous pouvons être tentés par le désir de voir des résultats immédiats et tangibles, ce qui nous conduit à des missionnaires impatients, négligents, brouillons et superficiels.

Que ce serait-il passé si au cours du siècle passé, les Églises avaient eu la sagesse de ne pas soutenir des œuvres qui semblaient trop belles pour être vraies, ou si elles avaient osé poser des questions plus approfondies sur les chiffres communiqués ? Que se serait-il passé si elles avaient tissé des liens et qu'elles avaient guidé avec bienveillance les œuvres instables sur la voie d'une fidélité empreinte à la fois de patience et d'urgence ? Nous ne pouvons pas changer le passé, mais avec l'aide de Dieu, nous pouvons faire mieux à l'avenir.

Les méthodes insouciantes ne sont pas le seul danger dans le domaine de l'implantation d'Églises. Notre affinité naturelle pour la rapidité, les chiffres élevés et la facilité peut aussi nous amener à délaisser les Églises existantes. Nous pourrions être tentés d'ignorer les Églises autochtones, surtout si elles n'ont pas de grand impact numérique, les considérant comme déficientes ou, plus révélateur encore, non pertinentes. Mais quel pourrait être l'impact si, au lieu de les ignorer, nous allions à leur rencontre, à la fois pour les aider et apprendre d'elles ? Même si elles ne disposent pas de certaines méthodes modernes appréciées pour la multiplication, ne possèdent-elles pas des connaissances que nous n'avons pas sur la culture ?

Lorsque nous prenons conscience d'à quel point les Églises existantes sont importantes, l'impact peut être profond, durable et glorieux. Je connais un missionnaire qui vit dans une grande ville d'Europe de l'Est comptant plusieurs millions de travailleurs musulmans qui proviennent de toute l'Asie centrale. Il s'y est installé pour essayer d'atteindre, de former et de mobiliser les musulmans convertis au christianisme. Il les a encouragés à retourner dans leur pays d'origine pour implanter des Églises et former des disciples dans toute l'Asie centrale. Pourtant, contrairement à de nombreux missionnaires, il n'a pas ignoré les Églises locales protestantes de sa ville, même si elles avaient la réputation d'être méfiantes et méprisantes à l'égard de leurs voisins musulmans. Tout en s'efforçant personnellement d'atteindre les immigrants musulmans avec l'Évangile, il s'est investi dans les Églises existantes dans la culture majoritairc. Il a instauré un climat de confiance. Il a cherché des chrétiens locaux ayant déjà une certaine maturité dans la foi. Puis, petit à petit, il a commencé à les mettre en contact avec des musulmans convertis au christianisme. Ils étaient stupéfaits de rencontrer d'anciens musulmans qui avaient véritablement adopté la vérité de Christ et qui étaient passionnés par l'idée de retourner dans leur pays avec ce message. Ensuite, en s'appuyant sur des années d'expérience dans l'évangélisation des musulmans, il a commencé à aider les responsables des Églises locales à se mettre eux-mêmes à évangéliser les musulmans.

Récemment, j'ai visité cet ami et je me suis assis dans le petit salon de son appartement datant de l'ère soviétique. Alors que je buvais du thé en regardant les innombrables personnes qui se promenaient dans le parc en contrebas, je lui ai demandé quelles étaient ses perspectives pour l'avenir. La situation des étrangers se compliquait. La probabilité d'être expulsé par le gouvernement devenait de plus en plus élevée. Mon ami et son épouse étaient affligés à l'idée de devoir quitter la ville et les gens qu'ils aimaient. Or, il m'a regardé en buvant sa tasse de thé et m'a affirmé, avec une sorte de confiance inébranlable, qu'il était trop tard. Même si le gouvernement les expulsait à ce moment-là, leur ministère et leur passion pour atteindre les immigrants musulmans s'étaient répandus dans une demi-douzaine d'Églises locales et se répandaient de plus en plus loin et de plus en plus vite. Quelques mois plus tôt, certaines de ces Églises avaient, de leur propre initiative, organisé une conférence pour encourager et former d'autres Églises à l'évangélisation parmi les musulmans. La torche avait été jetée dans le bois. À ce stade-là, bannir le porteur du flambeau ne servait plus à rien.

Je me suis demandé combien la situation aurait pu être différente si ce couple avait décidé de faire cavalier seul. Et s'ils avaient cru que leurs méthodes occidentales étaient supérieures à celles des Églises locales existantes et qu'ils les avaient ignorées ? Et s'ils s'étaient tant consacrés à l'implantation rapide de nouvelles Églises qu'ils n'avaient pas jugé utile que les Églises fassent un travail d'évangélisation à long terme dans cette culture ? Heureusement, ils n'ont pas fait cette erreur. Je m'attends donc à ce que leur impact continue discrètement de s'étendre aux autres Églises jusqu'au retour de Christ.

S'associer à ceux qui cherchent à être fidèles

Qu'est-ce que cela implique lorsque nous nous demandons qui soutenir ? Cela signifie que nous devons donner la priorité aux efforts centrés sur l'Église locale, que ce soit par l'implantation ou par le renforcement des Églises. Bien qu'il y ait certainement d'autres bonnes œuvres à soutenir en tant qu'individus et Églises, ces deux aspects semblent être la norme biblique et l'objectif de la mission depuis ces deux mille dernières années.

Tous deux valent la peine d'investir nos meilleurs éléments, comme l'a fait l'apôtre Paul.

Encore une fois, cela peut impliquer de poser des questions parfois gênantes aux missionnaires et aux organismes. Interrogez-les sur leur stratégie d'implantation d'Églises locales. Certains groupes ont comme vision de lancer un mouvement où des centaines d'Églises implantent des milliers d'Églises par une sorte de réaction en chaîne rapide. Cela pourrait être une chose merveilleuse à espérer et pour laquelle prier. Mais demandez à ces groupes comment ils ont l'intention d'implanter les premières Églises, puis comment ils espèrent former des responsables et instaurer une doctrine solide. Les réponses à ces questions sont bien plus importantes que l'envergure de leur vision. Dans le même ordre d'idée, d'autres ont tendance à évoquer davantage les nouvelles méthodes infaillibles que la Bible. Les nouvelles méthodes sont une bonne chose (si elles sont conformes à la Bible), mais si un missionnaire ou un organisme les vend comme étant une nouvelle « clé » qui ouvrira la porte de Christ aux nations, gardez votre portefeuille et fuyez.

Que de grandes choses se produisent ou non à notre époque dépend du contrôle de Dieu. Nous sommes tous appelés à être fidèles dans les temps fructueux comme dans les temps de sécheresse. Le succès est entre les mains de Dieu. Cela signifie que nous devons soutenir les missionnaires et les organismes qui comprennent les commandements bibliques selon lesquels il faut vivre dans une persévérance empreinte d'urgence et de fidélité ; ne vous laissez pas distraire par les grandes promesses de raccourcis rapides et faciles. Les programmes d'enrichissement rapide sont toujours attrayants, mais ils remplacent rarement le travail et la fidélité.

Ce n'est pas seulement pour notre bien que nous devons être prudents, mais aussi pour le bien de l'âme des missionnaires que nous soutenons. Comme l'a fait remarquer l'ancien pasteur britannique Charles Bridges, « la graine peut rester sous des mottes de terre jusqu'à ce que nous nous allongions là, puis surgir et pousser[1] ». En d'autres termes, un bon travail d'évangélisation ne donne pas toujours immédiatement des résultats visibles. Il se peut que nous ne vivions pas assez longtemps pour assister à la récolte. C'est une réalité difficile à accepter pour tout le monde. Les missionnaires ne sont pas différents. Beaucoup ont été tentés d'ignorer l'enseignement biblique, voire de modifier le message évangélique lui-même pour donner l'apparence de résultats, alors que le vrai succès prend du temps.

Mais nous, en tant que soutien, devrions être une aide pour eux et non un obstacle. Nous ne devrions jamais encourager l'œuvre de Satan et les tenter de pécher en les poussant vers l'infidélité. C'est pourtant ce que nous faisons lorsque nous exigeons des résultats en lien implicite avec le soutien que nous leur offrons. Si nous exprimons subtilement le désir d'atteindre un certain quota de baptêmes, comme certains le font, il se peut que sans le vouloir, nous finissions par être traités comme Pierre dans Matthieu 16.23 : « Mais Jésus, se retournant, dit à Pierre : Arrière de moi, Satan ! tu m'es en scandale ; car tes pensées ne sont pas les pensées de Dieu, mais celles des hommes. » Laissez le diable faire son travail. Il n'a pas besoin d'aide de notre part.

5

DES PARTENARIATS MISSIONNAIRES SAINS

Interrogez plusieurs missionnaires sur ce qu'ils pensent des partenariats avec les Églises, et vous entendrez sûrement des histoires radicalement différentes[1]. Certains parleront d'Églises dominatrices qui pensent avoir toutes les réponses et qui ne se sont jamais arrêtées pour poser des questions ou apprendre. Ils évoqueront des courriels ou des appels interminables sur Skype, censés mettre tout le monde sur la même longueur d'onde, et qui finissent en fin de compte dans la frustration. D'autres missionnaires s'illumineront lorsqu'ils vous parleront des Églises qui ont appris à les connaître, qui les respectent et qui semblent ne vouloir que les servir. Si vous écoutez attentivement un missionnaire parler de sa bonne relation avec une Église qui le soutient, je parie que vous pourrez sentir le parfum de l'humilité, mêlée à une généreuse touche de confiance.

CONFIANCE ET HUMILITÉ – LES DEUX FACES D'UNE MÊME PIÈCE

La confiance et l'humilité vont de pair. Là où la confiance règne, il est plus facile de faire preuve d'humilité. Et l'humilité se manifeste généralement dans la confiance. La confiance est le terreau dans lequel l'humilité se développe le mieux. Il se peut toutefois qu'instaurer de bonnes relations ne semble pas une entreprise particulièrement humble de prime abord.

La meilleure façon de développer des partenariats marqués par l'humilité est de choisir scrupuleusement les personnes avec lesquelles vous vous associez. Dans un partenariat dénué de confiance, une personne ne peut pas raisonnablement compter sur l'autre. Elle ne peut pas se soumettre humblement, car sans confiance, la soumission volontaire est tout simplement irresponsable. Si vous pensez qu'un missionnaire fait mal son travail ou qu'il se conduit d'une manière qui manque de sagesse, pourquoi lui confier des fonds dont il fera un mauvais usage et des personnes qu'il maltraitera ?

Pour dire les choses simplement, lorsque vous envisagez d'établir un partenariat à long terme avec un missionnaire, que vous l'envoyiez ou que vous le preniez en charge, l'une des premières questions que vous devez vous poser est la suivante : « Ai-je vraiment confiance en lui ? » Pouvez-vous soutenir sans réserve sa théologie au sujet de l'Évangile ainsi que de la nature et de l'œuvre de l'Église ? Fait-il preuve de jugement et a-t-il la réputation d'être intègre ? S'il vivait dans votre ville, voudriez-vous qu'il devienne responsable ou ancien dans votre Église?

Certaines personnes ne sont pas à l'aise de poser ce genre de questions. Il peut sembler restrictif ou arrogant d'évaluer un missionnaire avec autant de rigueur. Pourtant, l'alternative est bien pire : une relation marquée par le doute, l'argumentation et des objectifs de travail contradictoires. Personne n'a besoin de cela.

SIX CARACTÉRISTIQUES D'UN PARTENARIAT SAIN

Je voudrais proposer six principes pour les partenariats avec des missionnaires à l'étranger dans le cadre de l'évangélisation mondiale. Avant d'en arriver là, permettez-moi d'apporter des précisions sur ce que sont ces principes et ce qu'ils ne sont pas. Il ne s'agit pas d'instructions qui proviennent directement des Écritures. Mais ce ne sont pas non plus de simples observations ou méthodes miracles sur ce qui semble faire fonctionner les partenariats. Ces idées découlent plutôt des priorités bibliques pour les Églises et l'implantation d'Églises. Ces priorités générales incluent l'importance de l'humilité (Ph 2.1-11 ; 1 Pi 5.5), la création et le modelage du peuple de Dieu par sa Parole (Éz 37.1-14; Mt 4.4; 2 Ti 4.1-3), la beauté de la coopération entre les Églises dans le travail d'évangélisation (3 Jn), et la conformité évangélique concernant l'amour engagé à l'égard de missionnaires spécifiques (Ph 4.10-20). J'espère que la réflexion sur ces grandes priorités aidera les Églises à examiner avec plus d'attention comment elles peuvent s'engager humblement dans le travail d'évangélisation mondiale.

1. L'esprit de service

Tout partenariat commence par les motivations que vous invoquez. Cherchez-vous à servir les missionnaires à l'étranger, ou à être servi par eux ? Ne vous contentez pas d'une simple et brève réflexion, mais posez-vous honnêtement la question. De nombreuses Églises semblent considérer les partenariats dans la mission comme un moyen d'améliorer leur propre « programme missionnaire », plutôt que comme un moyen de servir Christ en servant ses missionnaires.

Vouloir affermir sa propre image est malvenu de la part des chrétiens, car la Bible montre clairement que le peuple racheté de Dieu devrait toujours se distinguer par son humilité. Il serait tellement ironique de travailler au sein d'une autre culture pour glorifier Christ tout en abordant celle-ci avec égoïsme ou orgueil. Nous devrions plutôt nous efforcer de faire preuve d'humilité dans nos partenariats internationaux, car nous avons désespérément besoin de grâce. En toutes choses, « Dieu résiste aux orgueilleux, mais il fait grâce aux humbles » (1 Pi 5.5).

L'esprit de service est particulièrement important pour les Églises qui connaissent un certain succès en matière de chiffres. Il est facile qu'un bon sentiment de gratitude et de confiance paraisse comme de l'arrogance, comme si vous présumiez que vous savez ce qu'il y a de mieux pour une autre culture. J'ai déjà assisté à des conversations absurdes au cours desquelles un responsable d'Église qui ne connaissait presque rien à la langue ou aux coutumes d'une autre culture essayait de « prendre les choses en main » pour « aider » un missionnaire à l'étranger à « mieux évangéliser » et à « faire grandir l'Église ». Trop souvent, ces conseils sont basés sur des idées pragmatiques axées sur la consommation, qui sont non bibliques et centrées sur l'homme, dans n'importe quelle culture. Même lorsque ces conseils sont véritablement sages et bibliques, le fait de les imposer de manière insensible ou hâtive à un missionnaire les rend peu attrayants.

Quoi qu'il en soit, il est préférable que votre Église trouve sur le terrain des personnes dont le jugement et la théologie vous inspirent déjà confiance, puis, de vous soumettre à elles. Lorsque vous instaurez des partenariats (en particulier ceux qui sont consacrés à l'implantation d'Églises), vous ne devez pas tenir pour acquis qu'il existe un consensus théologique, mais plutôt discuter honnêtement de sujets tels que l'évangélisation, l'ecclésiologie, la sotériologie et autres – *avant* de conclure un partenariat. Le fait que les deux partenaires se disent « évangéliques » ou appartiennent à la même dénomination n'est pas toujours suffisant.

À quoi donc ressemble concrètement un partenariat humble et axé sur le service? En fait, il est caractérisé par le désir de servir dans « le ministère du quoi que ce soit ». Un bon point de départ consiste à être prêt à faire *quoi que ce soit* que les missionnaires sur le terrain ou les responsables de mission jugent utile. Cela signifie de demander : « Que pouvons-nous faire pour vous servir et établir un partenariat avec vous ? Rien n'est trop grand et rien n'est trop petit. »

Cette volonté de commencer par des petites choses et d'être fidèle dans un partenariat qui s'approfondit progressivement est extrêmement importante pour instaurer la confiance. Certains missionnaires à l'étranger ont passé des années à apprendre une langue et à s'imprégner d'une culture pour ensuite voir le fruit de leur travail réduit à néant par des équipes de missions à court terme qui étaient insouciantes. Leur crainte est légitime.

En revanche, lorsqu'une Église démontre sa volonté d'aider les missionnaires étrangers, même par des petits gestes en coulisses – comme s'occuper des enfants pendant que leurs parents assistent à des réunions de formation – elle gagne la confiance des missionnaires et l'occasion de proposer en douceur des changements fondés sur la Bible.

2. Un pasteur qui donne l'exemple

La passion pour la mission qu'éprouve le pasteur ne suffit pas à en faire un bon dirigeant. C'est bien, mais c'est insuffisant. Celui-ci doit prêcher de manière régulière en s'appuyant sur l'ensemble du corpus des Écritures, en abordant les implications de l'Évangile, dimanche après dimanche. Dieu est un

Dieu missionnaire. Il a une passion pour les nations, et la Bible est remplie de cette passion. Partant des livres rédigés par Moïse aux livres des prophètes, en passant par les livres historiques, puis tout au long des Évangiles et des épîtres, la passion de Dieu pour appeler des adorateurs de toutes langues, de toutes tribus, de tous peuples et de toutes nations, est fondamentale (voir Ge 12.2,3 ; És 19.19-25 ; ou Ap 7.9,10 pour en avoir un aperçu).

Les Églises où les pasteurs prêchent régulièrement ce riche message biblique verront leur vision du monde être façonnée par celui-ci. Elles apprendront que l'Évangile dépasse de loin la croissance de « leur » Église. Il ne se limite pas à leur propre culture ou leur propre pays. L'Évangile est pour tous les peuples, en tout lieu. Comprendre à la fois l'urgence de la tâche (« Comment entendront-ils si personne n'est envoyé ? ») ainsi que la grandeur et la valeur de Dieu, alimentera une passion qui inondera l'ensemble de l'assemblée. Prêcher de la sorte est en fait la chose la plus fondamentale qu'un pasteur puisse faire pour conduire son Église dans la mission.

Un pasteur ne doit pas seulement prêcher, il doit aussi prier régulièrement depuis la chaire pour l'œuvre de l'Évangile à l'étranger. Cela permet d'instruire le cœur des membres qui entendent que le royaume de Dieu ne se limite pas à leur propre communauté. Cela les expose au vaste plan mondial de Dieu. Ce type de prières leur rappelle chaque dimanche que

Jésus est le Seigneur des peuples de Tobago, d'Ouzbékistan et du Bhoutan, mais aussi de leurs villes natales.

Un jour, John Stott, un pasteur britannique renommé, a visité une petite Église dans un village anglais. En entendant le pasteur prier et ne jamais évoquer autre chose que les intérêts de leur petite communauté, il les a décrits comme suit : « Je suis reparti, attristé, sentant que cette Église vénérait un petit dieu de village qu'ils avaient conçu eux-mêmes. Il n'y avait aucune prise de conscience des besoins du monde, et aucune tentative d'inclure le monde dans les prières[2]. » La prière prononcée du haut de la chaire et qui inclut la cause mondiale de Christ est l'un des meilleurs antidotes à ce genre de provincialisme qui diminue Dieu. Ce type de prière peut accomplir plus que ce que vous pouvez imaginer pour élargir le cœur des membres d'une assemblée.

Enfin, le pasteur qui alimente fidèlement la passion de son assemblée au moyen de la Parole peut ensuite montrer à ses membres où diriger cette passion en allant lui-même soutenir le travail de la mission. Il ne devrait pas y aller seul, mais avec les principaux responsables d'Église. Lorsqu'un pasteur démontre l'importance du travail d'évangélisation interculturelle en y consacrant son temps personnel, l'impact sur l'assemblée peut être énorme.

L'engagement actuel de notre propre Église dans des partenariats en Asie centrale remonte en partie à un voyage effectué en l'an 2000, lorsque notre pasteur principal s'est rendu en

Turquie pour intervenir lors d'une réunion de missionnaires. Cet exemple donné par le pasteur a permis d'instaurer un partenariat qui constitue désormais l'un des principaux engagements missionnaires de notre assemblée.

3. Les relations comme fondations

Les partenariats ne doivent pas être fondés sur des projets, mais sur des relations personnelles. Nous sommes souvent tentés de penser qu'il faut être présent dans de nombreux endroits du monde pour être fidèle au Grand Mandat. Cependant, le fait de maintenir de nombreux contacts dans de nombreux endroits aboutit souvent à des relations superficielles et inefficaces.

Comme nous l'avons vu au début du chapitre 4, dans la plupart des cas, les Églises feraient mieux de choisir quelques missionnaires et d'approfondir leurs relations avec eux et leur travail. Ce genre d'approche nécessite de savoir reconnaître humblement que Dieu est infini, mais que vous et votre Église ne l'êtes pas. Et cela exige de faire preuve d'une discipline bienveillante pour ne pas surcharger votre assemblée en la poussant dans des engagements superficiels chaque fois que vous entendez parler d'une nouvelle opportunité, simplement pour le bon sentiment que cela procure. Mais les résultats pour le royaume peuvent être frappants lorsque ce genre de discipline et de concentration sont appliquées.

Là encore, lorsque vous vous demandez en qui investir, voici trois principes qui ont fait leurs preuves dans notre Église. Nous essayons de nous associer à des missionnaires qui sont :

- *Excellents dans leur travail.* Nous voulons nous associer à des missionnaires qui semblent faire leur travail correctement et qui, pour cela, s'inspirent de la Bible.
- *Stratégiques dans la poursuite de leur objectif.* Nous voulons nous associer à des missionnaires qui travaillent dans des endroits où la présence de l'Évangile est faible ou là où leur travail vise à renforcer les Églises locales.
- *Bien connus de l'Église.* Nous voulons nous associer à des missionnaires qui sont non seulement connus des responsables de l'Église, mais également connus (ou prêts à faire ce qu'il faut pour l'être) de l'ensemble de l'Église.

Si vous travaillez en collaboration avec des missionnaires qui ne proviennent pas de votre assemblée, vous devez évaluer dès le départ leur niveau de relation avec votre communauté. Cela peut impliquer de faire un voyage pour leur rendre visite sur le terrain avant de vous associer officiellement avec eux. Dans l'idéal, ils pourraient passer un certain temps avec vos membres. Je n'entends pas par là un long week-end, mais plutôt quelques mois. Inviter les missionnaires à passer toute la durée de leur séjour au pays au sein de votre assemblée et leur fournir un logement gratuit est un excellent moyen d'y parvenir.

Dans notre Église, nous ne nous associons généralement pas officiellement avec des missionnaires avant d'avoir pu passer un certain temps avec eux et établir des relations entre eux et l'Église. À première vue, cela peut ralentir le processus, mais le fruit à long terme dans la vie de chacun semble en valoir la peine.

4. Être centré sur l'engagement

Votre Église doit être prête à s'engager sérieusement envers les missionnaires avec lesquels elle s'associe. Les missionnaires parlent trop souvent d'Églises qui ont de bonnes intentions, mais qui s'avèrent être des partenaires seulement lorsque tout va bien, ou qui perdent l'intérêt lorsque la situation sur le terrain limite leur participation à des voyages ou des projets de courte durée. Envisagez plutôt de vous engager à servir une équipe de missionnaires de la manière qu'ils jugeront utile. Soyez prêts à faire des voyages s'ils trouvent cela utile. Soyez prêts à ne *pas* venir si le moment n'est pas propice.

Être centré sur l'engagement signifie également de travailler avec une vision à long terme, dans les bonnes comme dans les mauvaises années, que votre partenariat soit encourageant ou vraiment difficile.

Enfin, cet engagement devrait se traduire par un désir de célébrer une fidélité biblique réfléchie, même si les fruits tardent à venir. En faisant cela, vous pouvez aider les ouvriers avec lesquels vous vous associez à résister à l'appel séduisant des résultats visibles et immédiats qui a poussé tant de missionnaires à ajuster, puis à déformer l'Évangile dans leur quête d'un « succès » rapide. Votre engagement à être fidèles peut aider vos partenaires à persévérer dans l'annonce du pur message de l'Évangile, même si les résultats ne sont pas visibles.

5. Inclure l'assemblée

Ce n'est pas non plus une surprise qu'un partenariat d'Église sain implique généralement que le partenariat appartienne à l'assemblée, et non pas seulement à quelques responsables. Lorsque les membres comprennent le sens et la direction du partenariat de l'Église, cela jette les bases d'une relation fructueuse. Cela peut être encouragé en informant régulièrement toute l'assemblée sur l'engagement international de l'Église. Dans mon Église, nous faisons cela en communiquant un bref rapport lors des réunions de membres et en priant régulièrement pour les missionnaires le dimanche soir.

Pour en arriver là, notre Église essaie continuellement d'enseigner que de se soucier activement de la mission est une part normale d'une vie chrétienne fidèle, et non un ajout facultatif. Pour nous, cela s'est aussi fait en éliminant les comités dédiés spécialement à la mission et en confiant la supervision de nos efforts missionnaires aux anciens de l'Église. Cela a permis aux membres de constater que la mission est une partie essentielle du ministère de l'Église, et non pas un ministère parmi tant d'autres ministères optionnels, réservé à certaines personnes qui sont « intéressées par ce genre de choses ».

Il est également important d'impliquer l'assemblée dans la prière pour la mission. Dans notre Église, chaque dimanche soir, nous assistons à une brève mise à jour d'une à deux minutes sur la situation d'un missionnaire que nous soutenons (sur une vingtaine, au total), puis nous prions pour lui. Nous accueillons régulièrement des missionnaires lorsqu'ils sont en visite parmi nous et nous leur posons des questions devant toute l'Église. Ensuite, nous prions pour eux. Nous imprimons également un livret de prière avec une liste des noms des missionnaires que nous soutenons ainsi que certains détails généraux, et nous le remettons à chaque membre de notre Église. Excepté pour des raisons de sécurité, nous donnons les noms et les localisations générales de nos missionnaires aux membres, et pas seulement au « club missionnaire ».

6. Une vision à long terme

Enfin, la plupart des partenariats fructueux et empreints d'humilité sont presque systématiquement fondés sur une vision à long terme. J'entends par là que votre Église devrait s'efforcer de développer des missionnaires qui partent à l'étranger à long terme parmi les personnes de votre assemblée. Au début d'un partenariat, pourquoi ne pas exprimer clairement l'objectif que certains de vos membres déracinent leur vie et l'implantent à long terme dans une autre culture pour la cause de l'Évangile ?

Mieux encore, si c'est possible, pourquoi ne pas viser à fournir, à long terme, toute une équipe de missionnaires de votre Église ou en partenariat avec d'autres Églises qui partagent la même vision ? Avoir une équipe qui est sur la même longueur d'onde sur le plan théologique dès le départ ne résoudra pas tous les problèmes, mais en évitera certainement beaucoup.

Avoir une vision à long terme peut aussi impliquer de faire des voyages de courte durée dans la perspective du long terme. Plutôt que de vous contenter de proposer des « expériences missionnaires », envisagez d'organiser des voyages qui soutiennent le travail des équipes à long terme déjà existantes et envers lesquelles vous vous êtes engagés. Considérez votre travail à court terme d'abord comme un moyen de soutenir vos partenaires à long terme de toutes les manières nécessaires, puis comme un moyen d'inciter vos membres à rejoindre le travail à long terme. En général, les missionnaires sur le terrain ont besoin de plus de main-d'œuvre, au quotidien, et pas seulement d'amis de passage.

CONCLUSION

Ces six qualités contribueront grandement à ce que vos partenariats glorifient Dieu et franchement à ce qu'ils soient plus bénéfiques pour tout le monde. À un certain point, vous aurez peut-être besoin de plus de clarté et de vous mettre d'accord sur les rôles et responsabilités de chacun. Même si vous les établissez clairement, il est préférable de considérer le partenariat comme une adoption familiale ou un mariage, et non comme un contrat ou une fusion d'entreprises. Les documents écrits peuvent être de mise, mais les partenariats missionnaires doivent commencer par les relations, l'humilité et la confiance.

Les partenariats selon Dieu sont importants non seulement avec les missionnaires ou les collaborateurs autochtones, mais aussi avec les organismes extérieurs à l'Église. Nous devons, autant que possible, connaître les personnes qui supervisent directement nos membres ou celles avec lesquelles nous nous associons. Beaucoup de ces principes au sujet des relations, de la confiance et de l'engagement s'appliquent également à celles-ci.

Considérer l'amour et le respect mutuel comme la base des partenariats missionnaires n'est pas seulement prudent, c'est biblique. Dans l'épître de Paul aux Philippiens, nous entrevoyons un partenariat missionnaire sain à long terme, basé sur la confiance et les relations : « Car Dieu m'est témoin que je vous chéris tous avec la tendresse de Jésus-Christ » (Ph 1.8). Il s'agit d'un lien caractérisé par un engagement à long terme : « [...] la part que vous prenez à l'Évangile, depuis le premier jour jusqu'à maintenant » (Ph 1.5). L'épître de Paul déborde d'amour, de sollicitude mutuelle et de soutien dévoué à long terme. Voilà un objectif noble pour nous dans nos partenariats missionnaires. Comme Paul l'a fait avec les Philippiens, nous pourrons nous aussi contempler des années de partenariat et affirmer avec joie et confiance : « À notre Dieu et Père soit la gloire aux siècles des siècles ! Amen ! » (Ph 4.20.)

6

RÉFORMER LES MISSIONS À COURT TERME

En février 1812, Adoniram Judson embarque sur un navire à destination de l'Inde, quittant sa maison et son foyer pour la cause de l'Évangile. Avant son départ, il vend la plupart de ses biens et fait ses adieux larmoyants à sa famille et à ses amis. Il ne retournera aux États-Unis que trente ans plus tard, et seulement pour une courte visite. Il meurt en Inde en 1850, après trente-sept ans de service missionnaire, essentiellement en Birmanie. L'expérience de Judson était plutôt habituelle pour les missionnaires de sa génération.

Deux siècles plus tard, en février 2012, Tony se rend également en Inde pour la cause de l'Évangile. Mais contrairement à Judson, il ne vend rien (mis à part quelques petits gâteaux lors d'une collecte de fonds). Il ne verse pas de larmes lorsqu'il dit au revoir à sa famille et à ses amis. Il ne reste pas non plus à l'étranger pendant trente ans avant de rentrer chez lui. En réalité, lorsqu'il monte à bord de l'avion à destination de l'Inde, il a déjà un billet de retour pour son vol prévu deux semaines plus tard. L'expérience de Tony et celle de Judson avant lui sont propres à leurs générations respectives.

L'émergence des voyages missionnaires internationaux de courte durée est probablement la plus grande source de changement dans le contexte de la mission mondiale. Notre Tony fictif représente ce changement. On estime que plus d'un million de Nord-Américains participent chaque année à des missions à court terme à l'étranger, contre vingt-cinq mille en 1980. Au cours de cette même période, le nombre de missionnaires à long terme en provenance d'Amérique du Nord n'a que très peu augmenté, voire pas du tout[1]. Cette tendance prévaut également dans d'autres pays.

Comment devons-nous agir face à cet énorme revirement dans l'utilisation des ressources ? Est-il bon ou mauvais ? Comment nos Églises peuvent-elles réagir avec sagesse à cette tendance ? Plus important encore, que dit la Bible au sujet des missions à court terme et de la place que Dieu leur réserve dans la mission mondiale qu'il a donnée à son Église ?

PAUL A-T-IL EFFECTUÉ DES VOYAGES MISSIONNAIRES DE COURTE DURÉE ?

Dans leur excellent livre *Mack and Leeann's Guide to Short-Term Missions*[2], Mack et Leeann Stiles commencent par passer brièvement en revue des exemples bibliques de missions à court terme. Ils retracent l'itinéraire et la description du premier voyage missionnaire de Paul et soulèvent quelques points intéressants. Tout d'abord, Paul reste rarement plus de quelques mois dans une ville. Deuxièmement, son voyage ne dure qu'un an et demi environ avant qu'il ne retourne chez lui, dans son Église d'envoi à Antioche. On pourrait raisonnablement affirmer que le premier voyage de Paul n'est en fait qu'une série de voyages missionnaires consécutifs de courte durée. C'est une observation utile pour quiconque serait tenté d'écarter prématurément le travail à court terme.

Cependant, il faut également garder quelques précisions à l'esprit. Tout d'abord, il semble que Paul n'ait jamais besoin d'apprendre une nouvelle langue pour partager l'Évangile là où il voyage. L'omniprésence du grec dans l'ensemble du monde méditerranéen rendait cela grandement inutile. Et à quelques exceptions près, ses voyages de courte durée semblent être courts involontairement, c'est-à-dire que dans presque tous les cas, il part à cause de l'opposition ou du rejet, et non en raison d'une stratégie intentionnellement basée sur le court terme. On ne sait pas combien de temps il aurait pu rester dans d'autres circonstances. Toutefois, il existe quelques exemples où il semble prévoir de ne rester dans un endroit que pour une courte période (Ac 20.1,2). Mais la plupart de ces fameux séjours consistent à rendre visite à des groupes de chrétiens déjà existants (Ac 20.5-7), et non à un effort d'implanter de nouvelles Églises. Non, ce n'est pas que les missions à court terme ne sont pas bibliques, mais elles ne sont pas non plus présentées dans les Écritures comme une méthode privilégiée pour répandre l'Évangile et implanter de nouvelles Églises. Et historiquement, elles n'ont jamais été courantes, jusqu'à récemment.

Sans instructions bibliques claires sur cette question, nous devons réfléchir scrupuleusement et nous appuyer sur la sagesse et le récit général des Écritures. Lorsque nous agissons de cette façon, cela fait ressurgir un certain nombre d'inquiétudes sur les missions à court terme. Pour être clair, je ne suggère pas que nous abandonnions tous les voyages à court terme à cause de ces préoccupations. J'entends plutôt que si nous voulons que les efforts à court terme soient vraiment utiles, nous devons nous pencher sérieusement sur ces problématiques et réfléchir à la manière de les atténuer.

DES PRÉOCCUPATIONS AU SUJET DES VOYAGES DE COURTE DURÉE

Un des problèmes que posent de nombreux voyages de courte durée est la manière dont nous les planifions et en faisons la promotion. Il n'est pas rare que les Églises promeuvent les voyages à court terme en parlant de l'intérêt d'acquérir une « expérience missionnaire » ou de la possibilité de « faire une différence dans le monde ».

Les anciens participants racontent aux potentiels candidats en quoi leur voyage a eu un impact positif, ou même qu'il a révolutionné leur foi. Je n'en doute pas, mais cela donne souvent l'impression que nos voyages de courte durée sont davantage axés sur nous et nos expériences que sur l'encouragement de l'œuvre pour l'Évangile et la glorification de Dieu. Une telle erreur d'orientation n'est pas anodine. On dit souvent que « ce *avec* quoi nous gagnons les gens est ce *à* quoi nous les gagnons ». Si nous encourageons les missions à court terme en pensant à ce que nous pourrions en retirer, nous courons le risque de transformer ce type de missions en une initiative égoïste.

Ironiquement, ce sont les missionnaires à long terme que nous cherchons à aider qui payent le prix de cette mentalité. Si nous participons à un voyage pour ce qu'il peut nous rapporter, même si l'objectif est bon (comme la croissance spirituelle), il est probable que nous nous attendions à ce que les ouvriers locaux s'assurent que nous obtenions l'expérience désirée. Le résultat final est que de nombreux missionnaires redoutent les visites de courte durée et les considèrent comme un mal nécessaire pour maintenir les relations avec les Églises de leur pays d'origine. C'est à la fois tragique et inutile.

Il arrive aussi que le travail à court terme soit déconnecté des missionnaires ou du travail à long terme complètement. Cela crée d'autres problèmes. Dans de tels cas, le travail à court terme peut prendre l'allure d'un bref arrêt en passant. Les équipes passent dans une ville pour partager leur message, peut-être par le biais d'un sketch ou de la musique, mais sans aucun moyen d'évaluer les réponses à l'Évangile ou de mettre en relation les personnes intéressées avec des chrétiens ou des Églises locales. Bien entendu, cela présuppose qu'il y ait une intention de proclamer l'Évangile associée au voyage. Il semble y avoir de plus en plus de voyages de courte durée dont le but n'est pas de proclamer l'Évangile. Nombreux sont ceux qui pensent que la mission revient à accomplir de bonnes œuvres, éventuellement au nom de Christ, mais sans inclure la proclamation de l'Évangile dans leur ministère. Parfois, ils servent une Église locale d'une manière qui les rend inutilement dépendants. Toutes ces situations sont problématiques à leur façon.

De plus, durant leurs brefs séjours, la plupart des missionnaires de courte durée n'ont pas les compétences linguistiques et culturelles pour rivaliser en efficacité avec un missionnaire de longue durée. Dans les régions plus hostiles à l'Évangile, ce manque de compréhension culturelle peut se traduire par des travailleurs à court terme qui disent ou font des choses nuisant au travail des missionnaires et des chrétiens locaux. Ils peuvent alors ralentir le véritable travail évangélique en encourageant les habitants à prendre des « décisions » pour l'Évangile tout en n'étant pas adéquatement informés.

Par exemple, une femme hindoue sera peut-être heureuse de lever la main lors d'un appel et de faire une prière à Christ comme son Sauveur. Des travailleurs à court terme naïfs rentreront chez eux et parleront de sa « décision de croire en Jésus », sans se rendre compte que cette femme n'aura fait qu'ajouter un dieu de plus à la vaste collection de divinités qu'elle vénère. Mais pire encore, si un chrétien essaie plus tard de lui expliquer l'Évangile de manière plus approfondie, elle risque de l'ignorer et de dire : « J'ai déjà essayé le christianisme. Je prie Jésus le mardi, et Vishnou le mercredi ».

Les travailleurs à court terme risquent également d'adopter des méthodes d'évangélisation qui sont inutilement perturbatrices sur le plan social. En réalité, ils provoqueront des persécutions qui continueront de hanter les habitants locaux bien après que les travailleurs à court terme seront rentrés chez eux en toute sécurité avec leurs photos et leurs histoires.

Tous ces problèmes sont amplifiés par le coût des voyages à court terme. Compte tenu du prix, la plupart des travailleurs à court terme coûtent bien plus cher à la semaine qu'un missionnaire à long terme. Les Églises détournent parfois les ressources dédiées à un projet de long terme efficace pour financer des voyages de courte durée, ce qui peut en réalité compromettre l'œuvre globale de l'Évangile.

Cela ne donne pas un beau tableau. Au risque d'être terriblement direct, une évaluation approfondie des voyages missionnaires de courte durée révélera que beaucoup sont inefficaces, perturbants, inutiles et, dans certains cas, absolument contre-productifs pour la cause de Christ parmi les nations.

LES MISSIONS DE COURTE DURÉE QUI SONT UTILES

Cela étant dit, devrions-nous supprimer tous les voyages de courte durée dans nos Églises ? Non. Mais de nombreuses Églises devraient réfléchir sérieusement à les réformer afin de réduire ces pièges fréquents. Là où le remaniement est effectué, les voyages de courte durée peuvent être une aide et une grande source d'encouragement pour le travail d'évangélisation à long terme. Ils peuvent également être une bénédiction pour les personnes qui sont envoyées et les Églises qui les envoient.

Ce changement nécessaire doit s'opérer bien avant que quiconque ne monte dans un avion. Il commence par l'objectif que nous fixons pour les voyages missionnaires de courte durée. Qui voulons-nous vraiment en faire profiter le plus ? Voici un gros indice : ça ne devrait pas être nous ou nos Églises. Dès le début, nous devrions décider que chaque voyage à court terme ait pour but de soutenir le travail des missionnaires à long terme et les croyants locaux. Plus simplement, cela signifie d'établir des relations de confiance avec des personnes dans une zone où nous cherchons sérieusement à nous investir. Cela implique également de leur demander ce qu'ils attendent de nous, et dans la mesure du possible, de faire exactement ce qu'ils demandent.

Là encore, c'est pour cela que les Églises doivent concentrer leur soutien financier sur les missionnaires qu'elles connaissent, et qui font un bon travail contribuant à implanter ou à renforcer les Églises. Nous devons envoyer des travailleurs à court terme sur la base des mêmes critères. Normalement, cela implique d'envoyer la plupart, voire la totalité, de nos travailleurs à court terme pour servir les personnes que nous soutenons déjà. Il se pourrait que nos Églises fassent moins de voyages à court terme, mais que les voyages effectués soient beaucoup plus utiles.

Se concentrer sur le long terme

S'engager dans cette voie signifie d'effectuer des missions à court terme avec une vision à long terme. En réalité, cela veut dire deux choses.

Premièrement, vous devriez vous assurer que vos voyages de courte durée soient utilement liés à des projets de longue durée que vous connaissez bien et que vous soutenez. Cela implique également de laisser les équipes à l'étranger décider *quand*, *si*, et *dans quel but* vos membres les rejoindront. Les voyages de courte durée seront peut-être moins attrayants à première vue pour les membres de votre Église, mais en réalité, ils seront bien plus utiles pour les personnes qui œuvrent là-bas à long terme.

Pour donner un exemple, dans mon Église, l'un des voyages de courte durée les plus fréquents consiste à aider dans la logistique des réunions de nos missionnaires de longue durée. Cela inclut notamment la prise en charge de leurs enfants pour qu'ils puissent de leur côté assister à des séminaires de formation. Pourquoi ? Parce que c'est ce qu'ils veulent selon leurs dires. Souvent, les missionnaires ont besoin de ce genre d'aide au quotidien, mais ils ne peuvent pas engager des non-croyants locaux, de peur que ceux-ci ne les livrent aux gouvernements hostiles. De même, ils ne peuvent pas embaucher des croyants locaux, de peur que ces derniers ne soient arrêtés par les gouvernements hostiles. Les membres de mon Église voyagent donc avec joie dans le monde entier pour s'occuper des enfants et faire d'autres activités en coulisses, car dans le pire des scénarios, les gouvernements hostiles nous ordonneront probablement juste de rentrer chez nous.

Lorsque nous réformons humblement notre vision du travail à court terme, les fruits peuvent être abondants. Je me souviens d'un voyage en Asie centrale où certains membres de notre Église de Washington D. C. se sont occupés d'enfants de missionnaires pendant une réunion de formation. Ce n'était pas particulièrement excitant ou amusant. Le lieu de la réunion était délabré. Mais un après-midi, un couple de missionnaires est venu me voir, au bord des larmes. Ils venaient de découvrir que la personne qui s'était assise sur le sol poussiéreux pour jouer avec leur enfant de deux ans et qui avait changé des couches toute la journée était un fonctionnaire de la Maison-Blanche. Vous pouvez penser ce que vous voulez des hommes de pouvoir et d'importance selon ce monde. Pour ce couple de missionnaires, la simple idée qu'une personne côtoyant le président américain passe ses vacances à les servir si humblement a été un énorme encouragement. Est-ce que certains d'entre nous sont trop occupés ou trop importants pour servir des missionnaires de cette manière ? Est-ce vraiment important que nos voyages de courte durée soient amusants et intéressants, si nous savons qu'ils sont encourageants et utiles ?

Deuxièmement, les missions de courte durée avec une perspective à long terme ont pour but ultime que ce travail de courte durée aboutisse à une chose : que des membres de votre Église vivent un jour à long terme dans les lieux où elle est engagée. Mais cela peut aussi signifier qu'au lieu de chercher constamment de nouvelles expériences missionnaires, vous devriez plutôt choisir quelques endroits stratégiques pour y envoyer continuellement des personnes, et ce, pour des années.

Parfois, un voyage de courte durée peut également contribuer à démarrer de nouvelles œuvres dans un nouvel endroit. Je connais des Églises qui ont fait cela dans des endroits où il n'y avait pas de missionnaires ou d'Églises locales. Elles déterminaient une zone stratégique (souvent en partenariat avec un organisme missionnaire) et trouvaient un moyen d'envoyer de petits groupes de membres à cet endroit. Dans la plupart des cas, ceux-ci s'y rendaient plusieurs fois par an pour rencontrer des personnes et distribuer des bibles, montrer un film d'évangélisation, faire du simple tourisme en tant que chrétiens, ou encore, participer à des actions humanitaires. Grâce à ce processus, les membres accumulaient peu à peu une véritable connaissance de la région et de ses habitants. Ils labouraient le sol, pour ainsi dire, et par leur conduite et en s'identifiant publiquement en tant que chrétiens, ils confondaient l'hostilité locale à l'égard des disciples de Christ. Mais ce qui a rendu ce travail utile dans la durée, c'est l'objectif d'envoyer des personnes à long terme. Qu'il s'agisse d'un nouveau projet ou de relations existantes, une partie de notre objectif devrait être d'envoyer nos propres équipes pour participer au travail à long terme.

La préparation d'un voyage de courte durée

Une fois que nous nous concentrons sur un travail à court terme centré sur l'Église, comment devons-nous préparer les candidats à servir de la bonne façon ? Voici dix éléments que tout participant à un voyage à court terme devrait prendre en considération.

1. *Se concentrer sur la gloire de Dieu parmi les nations.* Dieu est grand. Il est infiniment digne d'être loué pour l'excellence de sa nature. Dans son amour insondable, Dieu a choisi de se glorifier lui-même en faisant preuve de miséricorde par Christ aux rebelles pécheurs qui se glorifient eux-mêmes, comme vous et moi. Cette vérité devrait remplir nos cœurs d'émerveillement et de louange (Ro 15.8-10).

Aussi simple que cela puisse paraître, l'une des meilleures choses que vous puissiez faire pour préparer un voyage de soutien aux missionnaires à l'étranger est de réfléchir profondément à la grandeur de Dieu et à son incroyable miséricorde manifestée dans l'Évangile. Dieu mérite d'être loué parmi les nations et, effectivement, il sera loué et on se réjouira en lui (voir Jn 10.16 ; Ap 5.9). Il n'y a rien comme une vue d'ensemble du glorieux plan mondial de Dieu pour replacer nos préoccupations personnelles et notre participation au second plan.

2. *Être humble.* Nous avons été rachetés par celui qui « s'est humilié lui-même, se rendant obéissant jusqu'à la mort, même jusqu'à la mort de la croix » (Ph 2.8). Ce serait donc une immense tragédie si nous voyions notre travail pour lui avec ne

serait-ce qu'une once d'arrogance. Au contraire, nous devons être humbles. Nous devrions nous en remettre au personnel sur le terrain, et même les uns aux autres, dans une attitude d'amour. Nous devrions être lents à parler. Nous ne devrions pas avoir une trop haute opinion de nous-mêmes, mais être prompts à servir. Que le parfum de l'humilité de Christ se dégage de tout ce que nous faisons et prononçons.

3. *Être prêt à se dépenser et à être épuisé.* Travailler à l'étranger, avec le décalage horaire et dans un environnement inhabituel, c'est fatigant. Attendez-vous à vous dépenser pour encourager et aider les missionnaires de votre Église. Et attendez-vous à avoir l'impression d'être vidé. Bien sûr, ce n'est pas toujours amusant, mais lorsque vous vous sentez fatigué, souvenez-vous de la *raison* de votre fatigue. C'est la fatigue que l'on ressent quand on se consacre de manière démesurée au royaume de notre Seigneur. Que même votre épuisement vous rappelle la valeur de l'Évangile.

4. *Être flexible.* Les voyages de courte durée ne se dérouleront certainement pas toujours comme prévu. Préparez-vous dès maintenant à vous en accommoder. Pour les Églises, l'un des moyens les plus concrets de servir les missionnaires à l'étranger est de ne pas paniquer lorsque les plans changent et de ne pas exiger d'eux qu'ils arrangent tout. Préparez-vous dès maintenant à jeter volontiers vos plans à la corbeille (si besoin est) et à accepter « le ministère du quoi que ce soit ». Rappelez-vous que votre but ultime n'est pas d'accomplir une certaine

tâche, mais d'encourager des hommes et des femmes qui ont beaucoup sacrifié pour l'Évangile. Nous les encouragerons souvent mieux en faisant ce qu'ils trouvent encourageant, même si cela diffère de nos préférences ou de nos projets.

5. *Être prêt à apprendre.* L'humilité consiste en partie à se rendre compte que l'on ne sait pas tout et à être prêt à poser des questions pour apprendre. Ne partez pas du principe que si vous savez faire quelque chose correctement chez vous, vous saurez forcément le faire correctement dans un autre contexte. Honorez ceux qui vivent dans cette culture en posant des questions et en étant prêts à apprendre d'eux.

6. *Être encourageant.* Même si nous ne savons pas grand-chose, il y a des faits dont nous pouvons être absolument certains. Dieu est bon, et il fait ce qui lui plaît (Ps 115.3 ; Jn 10.11). Ces deux vérités sont les deux grands piliers de l'assurance chrétienne, à savoir que Dieu est bon et qu'il est Seigneur. Rappelez ces deux vérités aux missionnaires de centaines de façons différentes. Parlez de votre propre émerveillement devant la bonté de Dieu et son contrôle. De cette façon, vous bénirez les missionnaires et renforcerez la confiance qu'ils ont dans leur travail. Si nous comprenons vraiment cette réalité, de quoi pourrions-nous nous inquiéter ?

7. *Servir sans compter.* Il nous a été demandé de nous associer à ceux qui partent pour le nom de Christ en les soutenant d'une manière digne de Dieu (3 Jn 1.5-8). Soyez prêt à prendre soin des missionnaires sans compter, même lorsque

cela dépasse la limite de ce qui semble raisonnable. Soyez prêt à le faire d'une manière « digne de Dieu » lui-même. Cela démontrera non seulement que vous les appréciez en tant qu'individus, mais aussi que vous estimez au plus haut point le grand Évangile qu'ils portent.

8. *Être peu demandant.* Il peut être difficile d'éviter de tomber dans la mentalité « je suis un touriste, servez-moi » lors de ce type de voyage. De nombreux missionnaires me racontent des histoires sur des personnes qui viennent les « servir » uniquement pour demander à être divertis, aidés et servis. Lorsque nous sommes à l'étranger, il y a souvent de très beaux endroits autour de nous, et il est tout à fait acceptable d'en profiter, du moment que cela ne crée pas un fardeau supplémentaire pour ceux que nous prétendons vouloir servir. Soyez vigilant à ce sujet. Soyez prêt à renoncer à des choses qui vous plairaient afin de servir ceux que vous êtes venu bénir. Il se peut qu'ainsi, vous ressentiez beaucoup de joie, indépendamment de ce que vous pourrez faire ou non.

9. *Être patient.* Notre patience est une preuve concrète de l'humilité imprégnée de l'Évangile. Lorsque vous demandez aux missionnaires de faire, d'arranger ou d'expliquer quelque chose, soyez patient. Dans de nombreux pays, les voyages peuvent être frustrants et inefficaces. Dans beaucoup de cultures, les gens vivent à un rythme différent du nôtre. Des requêtes que nous pensons simples peuvent en réalité demander beaucoup d'efforts à quelqu'un d'autre. Là encore, une excellente façon

de nous servir les uns les autres et de servir nos missionnaires est de rester patients et de faire confiance à Dieu, même lorsque les choses n'avancent pas au rythme souhaité.

10. *Se concentrer sur la gloire de Dieu parmi les nations.* Bien sûr, toutes ces précisions ne sont que quelques applications de la vérité fondamentale et unique par laquelle nous avons commencé. Dieu est glorieux et digne d'être loué. Sa promesse de pardon, de rédemption et de communion vaut plus que tout ce que nous pouvons avoir ou imaginer. Le but n'est pas d'apprendre ces quelques règles simples. Le but est d'étudier l'Évangile en profondeur et de trouver ensuite des moyens de mettre les implications de l'Évangile en pratique durant nos expériences à l'étranger. Imprégnez-vous de la grâce présentée dans l'Évangile, et laissez-la déborder dans vos paroles et vos actes. Si vous faites cela, je suis sûr que vous serez une bénédiction qui glorifiera Christ lors de votre voyage et dans tous les autres aspects de votre vie.

CONCLUSION

Tout cela peut demander des ajustements dans la façon dont certaines Églises abordent les missions à court terme. Pour d'autres, il faudra faire un remaniement complet. Toutefois, si cette approche semble biblique, qu'elle déborde d'humilité chrétienne et qu'elle semble sage, alors pourquoi ne pas effectuer ce changement ?

Certains membres attachés à des formats de voyages moins utiles seront peut-être déçus. Vous devrez certainement faire preuve de sagesse et de douceur au fur et à mesure que vous faites des changements. Mais compte tenu de la quantité d'argent, de temps et d'efforts que nécessitent les voyages de courte durée, nous devrions réfléchir sérieusement à la manière de les rendre véritablement utiles. N'est-ce pas ce que nous voulons par-dessus tout ?

7

ATTEINDRE LES NATIONS PAR D'AUTRES MOYENS

Le cœur de l'obéissance missionnaire au Grand Mandat se trouve dans l'envoi et le soutien d'évangélistes, dans le but de rassembler les gens dans des Églises, au-delà des frontières ethniques, culturelles ou géographiques (Mt 18.18-20). C'est ce que l'on entend par « la mission ». Dans l'histoire du christianisme, cela a été et continue d'être la joie et le devoir de toutes les Églises fidèles (3 Jn 1.7).

La fidélité dans l'envoi de missionnaires n'exclut pas cependant un certain nombre d'autres mesures louables auxquelles nos Églises peuvent prendre part à l'échelle mondiale. Certaines démarches sont implicitement encouragées par d'autres commandements bibliques. D'autres sont simplement des idées à considérer. Certes, nous ne pouvons pas tous prêter attention à toutes les autres options dignes d'intérêt. Néanmoins, voici trois autres voies vers les nations que nous ne devons pas négliger dans notre zèle à envoyer et soutenir des missionnaires. Certaines d'entre elles ne sont peut-être pas des missions au sens conventionnel du terme. Elles ne peuvent pas toutes revendiquer les ressources de l'Église locale. Mais dans l'assemblée, chacun a reçu un don différent. Après avoir fait ce qui est clairement ordonné, nous pouvons peut-être en faire plus. Qui sait combien d'autres démarches le Seigneur serait heureux d'utiliser ? Et cela peut commencer là où nous vivons.

ATTEINDRE LES NATIONS CHEZ NOUS

Stephen a quitté la Chine pour venir étudier aux États-Unis. Il a reçu une éducation athée et a toujours pensé que si Dieu existait, il ne pouvait être un Dieu personnel. Il devait plutôt être distant comme les étoiles ou la lune, c'est-à-dire au-delà de la possibilité de le connaître et hors de notre portée.

Dans son université, Stephen a commencé à suivre des cours d'anglais enseignés gratuitement par des chrétiens locaux. Il appréciait les gens qu'il rencontrait. Il appréciait l'aide qu'ils lui apportaient avec son anglais, mais quelque chose de plus le poussait à venir. Lorsque Michael, l'un des tuteurs d'anglais, lui a proposé de le rencontrer pour discuter de la Bible, Stephen a joyeusement accepté. Pendant plus d'un an, ils se sont rencontrés chaque semaine. Les progrès étaient lents. La barrière linguistique ne facilitait pas la tâche. Certaines semaines, Michael et lui n'abordaient qu'un ou deux versets. Mais Michael a persévéré, semaine après semaine. Lentement et par à-coups, Stephen a commencé à comprendre Dieu et l'Évangile. Plus d'un an après leur première rencontre,

Michael était présent le dimanche où ce jeune Chinois anciennement athée a été baptisé en tant que chrétien.

Dieu amène de plus en plus les nations à nos portes. C'est le cas dans de nombreux endroits dans le monde. Un rapport paru en 2010 sur les dix villes américaines comportant la plus grande population musulmane par habitant cite des villes auxquelles on peut s'attendre, comme Detroit, New York, Houston et Washington D. C. Ce rapport contient également un certain nombre de surprises, comme Peoria dans l'Illinois, et Cedar Rapids dans l'Iowa[1]. Lorsque l'on examine différents groupes ethniques musulmans, les résultats sont encore plus surprenants. Par exemple, en 2015, la ville de Memphis dans le Tennessee se vantait d'avoir de loin la plus grande population kurde des États-Unis.

On peut également parler de la population majoritairement hindoue provenant du sous-continent indien. En effet, on la retrouve dans des endroits comme New York ou San Francisco. Mais on trouve également de grandes communautés à Dallas au Texas, et plus de trente mille Indiens qui vivent à Phoenix en Arizona. Même Columbus et ses environs dans l'Ohio comptent environ seize mille immigrants provenant de l'Inde[2].

Beaucoup d'entre nous n'ont pas besoin de prendre des vols internationaux pour atteindre des individus d'autres religions et cultures. Il nous suffit d'ouvrir les yeux, de regarder autour de nous et d'atteindre les nations dans nos propres villes et villages. Curieusement, le travail d'évangélisation effectué ici même, chez nous, peut sembler plus intimidant qu'un voyage de deux semaines à l'autre bout du monde. De nombreuses personnes ne savent tout simplement pas par où commencer, où trouver les populations non atteintes, et comment les toucher avec l'Évangile. Toutefois, si nous faisons beaucoup d'efforts pour que l'Évangile soit partagé dans des localités lointaines, il est d'autant plus logique de remarquer les personnes que Dieu a amenées à nos portes.

Il n'y a pas de recette magique sur la manière d'encourager cela dans une Église. L'endroit où vous vous trouvez, les personnes qui vivent autour de vous et le style de votre Église sont autant d'éléments qui influencent la manière dont vous devrez vous y prendre. Mais vous pouvez vous appuyer sur quelques principes utiles et réfléchir aux expériences d'une autre Église locale.

1. *Faire des recherches.* La première étape consiste à déterminer quels autres cultures et groupes ethniques sont présents dans votre région. Pour cela, il suffit d'ouvrir les yeux lorsque vous conduisez dans les différents quartiers de votre ville. Y a-t-il beaucoup de marchés d'alimentation « halal » près de chez vous ? Si oui, il y a de fortes chances que vous ayez des voisins musulmans.

Visiter les épiceries ethniques peut être un moyen particulièrement efficace de découvrir diverses communautés ethniques ou religieuses et d'entrer en contact avec elles. Dans ces marchés, on retrouve souvent des tableaux d'affichage avec des informations sur les événements, les festivals et les besoins de la communauté, ce qui peut vous permettre d'en savoir plus et de développer des relations. Bien sûr, il serait aussi facile et judicieux de faire des recherches démographiques en ligne sur votre communauté.

2. *Prendre des initiatives.* Quoi que vous découvriez sur votre communauté, il faut généralement faire preuve d'initiative et d'encouragement pour que votre Église s'implique. Dans mon Église locale, nous avons constaté que la majeure partie de la population internationale de notre voisinage était constituée d'étudiants. Lors de nos réunions de prière publiques, nous avons donc commencé à prier de temps en temps pour que Dieu nous permette d'atteindre les étudiants internationaux avec l'Évangile.

Cependant, compter sur Dieu dans la prière n'exclut en aucun cas l'initiative humaine. L'un de nos anciens a également pris des initiatives. Il a discuté avec un membre singapourien de l'Église qui s'était lui-même converti lors de son séjour à Londres en tant qu'étudiant international. Ce jeune homme a commencé à animer une étude biblique pour les étudiants étrangers afin de donner l'exemple et d'encourager cette initiative d'évangélisation. Au fil du temps, elle a évolué en cours d'anglais donnés sur deux campus universitaires locaux. La formation d'un réseau constitué de membres de l'Église a permis de rencontrer individuellement les étudiants qui souhaitaient étudier la Bible en anglais. Au bout du compte, plus de cinquante membres de l'Église se réunissaient chaque semaine pour explorer la Bible avec des étudiants provenant de pays où l'évangélisation est sévèrement interdite.

3. *Tenter différentes choses.* Comment cette initiative pourrait-elle se traduire dans votre Église ? Vous pouvez peut-être organiser des cours de français dans vos locaux, ou proposer à des membres de se joindre à des équipes de football locales pour adultes principalement constituées d'immigrants. Vous pouvez également participer aux efforts de relogement des réfugiés ou vous porter volontaire pour accueillir les étudiants internationaux à l'aéroport. Toutes ces actions peuvent être un excellent point de départ. Mais le meilleur moyen d'atteindre les gens venant d'ailleurs est sûrement d'être aimable et ouvert d'esprit lorsque vous les rencontrez dans les magasins, dans la rue ou dans votre quartier.

4. *Parler avec les gens.* Une dame de notre Église a rencontré une femme musulmane qui avait commencé à travailler dans le salon où elle se faisait coiffer. Lors de leur toute première rencontre, cette dame chrétienne a mentionné qu'elle se faisait coiffer pour le mariage d'une amie. Elle a alors demandé à la femme musulmane, de toute évidence fraîchement arrivée dans le pays, si elle avait déjà assisté à un mariage chrétien. Elle n'en avait jamais eu l'occasion. Cette dame chrétienne a donc invité la femme à se joindre à elle pour le mariage qui avait lieu dans notre église. La femme l'a accompagnée, elle

a entendu l'Évangile et une nouvelle amitié est née. Ça peut être aussi simple que cela.

5. *Pratiquer l'hospitalité internationale.* La plupart des visiteurs et des immigrants fraîchement arrivés sont naturellement désireux de rencontrer les habitants locaux et de comprendre leur culture. Malheureusement, il est souvent rapporté que 80 % des étudiants étrangers ne verront jamais l'intérieur d'une maison américaine au cours de leur séjour. Les statistiques pour les immigrants ne sont guère tellement mieux. C'est une belle occasion pour les chrétiens de faire preuve d'hospitalité, et pour vous, en tant que responsable ou membre d'une Église, de donner l'exemple aux autres membres de votre assemblée. Et c'est valable, quel que soit le pays où vous vivez.

Les fêtes et jours fériés sont un moment particulièrement propice pour cela. À quasiment chaque grande fête, notre famille reçoit au moins un ou deux étudiants internationaux pour un repas. Ainsi, nous pouvons partager avec eux notre immense gratitude pour la grâce que Dieu nous a accordée en Christ, mais aussi leur faire connaître des traditions culinaires et culturelles amusantes.

6. *Se préparer à être patient.* Quelle que soit votre façon d'entrer en contact avec des gens de l'international, vous devriez reconnaître les défis que cela implique. Tout d'abord, les attentes de certains étrangers en matière de temps peuvent parfois nous suspendre. Dans d'autres cultures, les gens s'attendent à ce que beaucoup de temps soit consacré aux amitiés.

Vous devez être prêt et disposé à informer vos amis internationaux sur les rudiments de votre culture en fixant gentiment des limites qui vous conviennent, à vous et votre famille.

Il vous faudra également beaucoup de patience pour vous investir à long terme dans des relations. Souvent, il est nécessaire d'arracher beaucoup de ronces avant que l'Évangile ne commence à prendre racine. La culture occidentale est loin d'être chrétienne, mais il semble que de nombreux Occidentaux aient une vague affinité avec l'Évangile, que ce soit dû aux parents, aux proches ou à des amis. De même, il existe une certaine cohérence culturelle avec les valeurs de l'Évangile, même si elles sont déformées.

Toutefois, pour plusieurs de nos amis nés dans d'autres cultures, il n'y a rien de tout cela. Ils n'ont peut-être jamais connu de chrétiens auparavant et n'ont aucune affinité avec la Bible ou l'Évangile. Certains individus issus de communautés musulmanes ou hindoues ont peut-être même appris à haïr les chrétiens et la Bible. Vos amis internationaux sont peut-être issus d'une culture radicalement athée, comme la Chine, où la croyance théiste passe pour une déficience mentale. Dieu peut faire et fera ce qu'il veut, mais dans la suite normale des choses, il faut généralement un peu de temps et de patience pour bien surmonter ces obstacles culturels. Mais le fruit en vaut la peine.

ATTEINDRE LES NATIONS PAR DES ÉGLISES INTERNATIONALES CONSTITUÉES D'EXPATRIÉS

À l'été 2004, j'ai voyagé dans un pays musulman d'Asie centrale. Un jeune pasteur et sa femme m'ont accompagné. Ils se sentaient appelés à partager l'Évangile dans le monde musulman. Ils étaient matures et théologiquement solides, le genre de personnes capables de s'épanouir dans une autre culture. Pourtant, alors que nous traversions ce pays à 99 % musulman, il est devenu évident qu'ils ne s'y installeraient pas en tant que missionnaires.

Le mari se sentait poussé à prêcher, et il désirait ardemment devenir le pasteur d'une Église. Mais dans ce pays, l'opposition locale et l'hostilité du gouvernement excluaient totalement ce genre de ministère. Son rôle allait consister presque exclusivement à évangéliser et former discrètement des responsables qui eux-mêmes prêcheraient et dirigeraient des Églises. À la fin de notre voyage, nous étions tous sûrs que l'implantation d'Églises pionnières dans ce contexte musulman n'était pas pour eux. Mais l'histoire ne s'arrête pas là.

Peu de temps après, une Église internationale anglophone située dans un pays arabo-musulman était en difficulté et a contacté notre Église pour demander de l'aide dans la recherche d'un nouveau pasteur. Ce couple semblait correspondre parfaitement à ce qu'ils cherchaient. Le mari a eu l'opportunité de prêcher et d'être pasteur d'une assemblée anglophone d'expatriés (étrangers), tout en continuant à travailler dans l'évangélisation et à influencer l'œuvre envers les musulmans.

C'était en 2005. Depuis, Dieu a dépassé de loin nos plus grandes attentes. Au fur et à mesure que cette assemblée grandissait en santé et gagnait en diversité, elle est devenue une porte d'entrée vers les nations. Loin d'être un club réservé aux Occidentaux, l'assemblée est remplie d'Arabes, d'Indiens et de Philippins expatriés. Leur impact a été étendu et profond. Ils ont implanté d'autres Églises dans les environs et dans d'autres villes. Ils ont aidé à former des pasteurs locaux venant des nations musulmanes avoisinantes et ils ont encouragé l'évangélisation autochtone. Ce n'est pas de l'implantation d'Églises pionnières à proprement parler. Ce n'est peut-être même pas de la mission au sens strict du terme. Mais encourager ce genre d'avant-postes peut être un merveilleux atout pour l'Évangile, en particulier parmi les nations hostiles au témoignage chrétien indigène.

Nos Églises devraient également réfléchir à la manière de soutenir de tels efforts, non seulement financièrement, mais plus important encore, par le don sacrificiel des personnes que nous envoyons. Nous devrions aider les jeunes à prendre conscience qu'ils n'ont pas toujours besoin de choisir entre *d'un côté* être pasteur et *de l'autre,* travailler parmi les nations. Parfois, ils peuvent faire les deux, même dans certaines nations où il y a de nombreuses restrictions. Nous devons également réfléchir à la manière dont nous pourrions envoyer des membres ordinaires et fidèles pour qu'ils se joignent à des Églises de ce genre et les soutiennent (nous aborderons cela plus en détail dans un instant).

Mais ce genre de travail entraîne ses propres bénédictions et défis.

La bénédiction des Églises internationales constituées d'expatriés

1. Un soutien aux missionnaires. Les Églises internationales peuvent soutenir et aider les missionnaires plus traditionnels qui sont à plein temps et qui ont besoin d'encouragement, de communion et d'un enseignement fidèle. C'est particulièrement important jusqu'à ce que les nouveaux missionnaires apprennent la langue locale et, si possible, rejoignent une Église dans laquelle la langue locale est parlée, car ils doivent aussi obéir à Hébreux 10.25 et se réunir avec une Église locale chaque fois que cela est possible. Ils ont besoin d'une communauté où servir et être servis. Qui sait tous les ministères qu'une Église internationale peut encourager simplement par le biais des missionnaires qu'elle soutient, aime, forme et sert ?

2. *Un modèle d'une Église biblique en bonne santé.* Par ailleurs, une Église internationale saine peut constituer une grande ressource pour d'autres pasteurs locaux, en étant un modèle en ce qui a trait à la qualité des prédications et à la structure biblique. Il y aura des différences culturelles entre les Églises internationales et les Églises autochtones, même dans

une même ville. Toutefois, si la Bible est suffisante en tout lieu, les principes de la prédication textuelle et de la structure biblique d'une Église sont applicables partout. Où que ce soit, il faut suivre un modèle d'Église où les membres servent au lieu de chercher simplement à être servis. L'exemple d'une Église d'expatriés véritablement biblique peut grandement contribuer à réparer les dommages, en particulier dans les endroits où ces concepts bibliques n'ont pas été enseignés ou ont été mal appliqués par les missionnaires occidentaux.

3. Une plateforme d'accès, de relations et de formation. Je suis souvent étonné de voir que des pays opposés à l'œuvre missionnaire accueillent néanmoins des Églises d'expatriés anglophones (ou du moins, décident de fermer les yeux). Ces Églises peuvent avoir une merveilleuse utilité sous trois aspects dans ce genre de contexte.

Premièrement, de nombreux hommes d'affaires chrétiens ne souhaitent pas, à juste titre, déménager avec leur famille dans une ville où il n'y a pas d'Église qui prêche l'Évangile. S'il y en a une, vivre à cet endroit devient une possibilité. Deuxièmement, avec ces familles viennent toutes sortes de relations en dehors de l'Église. Comme dans toute autre Église, avec l'Église internationale d'expatriés, il n'est pas seulement question de savoir qui passe la porte, mais aussi quelles portes sont ouvertes aux membres lorsqu'ils quittent la réunion d'Église. Enfin, ces Églises peuvent être des plateformes et des centres proposant une formation biblique sérieuse. En raison de leur statut public et de leur visibilité, elles peuvent parfois inviter d'autres personnes pour une formation, et ce, avec peu d'interférences.

Je connais une Église internationale qui accueille régulièrement des pasteurs d'un pays voisin très fermé. Les pasteurs peuvent y recevoir une formation et des encouragements, en plus d'observer une Église en bonne santé. Ils retournent ensuite dans leur pays pour diriger leur Église plus fidèlement, ce qui n'est pas à la portée de la plupart des personnes dont le passeport est occidental.

Les défis que rencontrent les Églises internationales d'expatriés

En parallèle à toutes ces bénédictions, il peut aussi y avoir des défis particuliers à relever lorsque l'on dirige une assemblée internationale d'expatriés.

1. *Conduire une communauté mixte dans l'unité.* Le fait qu'il n'y ait qu'une ou deux Églises d'expatriés dans une ville peut créer une énorme pression, car on sera tenté de minimiser les divergences doctrinales importantes pour que tous les enfants de Dieu puissent se rassembler. Toutefois, si vous voulez avoir une Église qui prend la Bible et ses doctrines au sérieux, faire des compromis dans l'enseignement ne fonctionnera tout simplement pas.

Par exemple, soit vous enseignerez que le baptême est réservé uniquement aux croyants, soit vous enseignerez qu'il est destiné également aux enfants des membres de l'Église. Lorsque Jésus dit dans Matthieu 18.17, « Dis-le à l'Église », soit vous croyez qu'il parle véritablement de l'assemblée, soit vous pensez qu'il parle spécifiquement du conseil des anciens ou du pasteur d'une autre ville. Mais s'il n'y a qu'une seule Église internationale dans votre ville, vous serez peut-être tenté de vous éloigner de l'enseignement biblique d'un côté ou de l'autre, afin que tout le monde puisse se rassembler dans cette seule Église.

Le triste résultat, c'est que de cette bonne intention découlent souvent des Églises qui enseignent le minimum sur le plan doctrinal et qui peuvent involontairement donner un exemple non biblique aux chrétiens locaux. Si vous souhaitez un jour diriger une Église d'expatriés dans une autre culture, vous devrez probablement relever ce défi.

2. *L'engagement superficiel.* Les Églises d'expatriés sont souvent confrontées à des personnes qui souhaitent les rejoindre, mais dont l'engagement est superficiel. Des chrétiens de nom qui ne se donnent pas la peine de fréquenter une Église chez eux peuvent vouloir en rejoindre une à l'étranger, poussés davantage par un désir d'avoir une communauté familière que par un amour pour Christ. C'est à la fois une grande opportunité d'évangélisation et un grand défi pastoral.

3. *La pression légale d'exclure les habitants locaux.* Le plus grand défi en lien avec les membres n'est pas tant les expatriés tièdes que les habitants locaux enthousiastes. Dans de

nombreux endroits, le gouvernement tolère les Églises d'expatriés à la condition implicite (ou explicite) que la population locale ne soit pas autorisée à y assister. Les différentes Églises internationales traitent cette question de diverses manières. Certaines se disent qu'ils doivent obéir à Dieu plutôt qu'aux hommes et accueillent tout simplement ceux qui viennent pour assister, se faire baptiser et devenir membres. D'autres sont plus prudentes ou plus astucieuses, mais visent toujours à rendre l'Évangile accessible à tous. Je crains que certaines, par manque de foi, décident lâchement de garder l'Évangile pour elles afin de ne pas être dans le trouble. Dans tous les cas, c'est peut-être l'une des questions les plus épineuses à traiter dans ce genre d'Église.

4. *La situation d'Actes 6.* Même dans la meilleure des Églises internationales, où de nombreuses cultures différentes sont représentées, il est probable de retrouver les mêmes conflits culturels que ceux d'Actes 6. Un groupe culturel peut être dominant, et un autre peut se sentir sous-estimé ou marginalisé. Pour préserver l'unité dans une telle diversité, il faut faire preuve d'une grande sagesse et considérer la Bible comme étant normative, et non propre à une culture particulière. Il est nécessaire de partager judicieusement les responsabilités entre les différentes ethnies.

5. *La pression interculturelle.* À tout cela s'ajoutent les défis auxquels des membres peuvent être confrontés lorsqu'ils vivent et élèvent une famille dans une autre culture. C'est

particulièrement difficile lorsque le fait d'être membre d'une Église d'expatriés entrave l'immersion dans la culture environnante. Cela peut engendrer un sentiment d'éloignement par rapport à la population locale, ou un moins bon apprentissage de la langue que celui d'un missionnaire traditionnel. Ces derniers éléments s'ajoutent aux défis que ce type de vie et de ministère interculturels entraîne. Néanmoins, lorsqu'il est bien fait, ce travail en vaut absolument la peine.

Soutenir les Églises internationales d'expatriés

Comment nos Églises peuvent-elles prendre part à ce ministère ? Tout d'abord, nous pouvons encourager les hommes qui se font former pour le ministère pastoral à envisager de devenir pasteur d'une Église à l'étranger. Nous pouvons considérer la possibilité que nos assemblées contribuent à la création de nouvelles Églises internationales. Certaines Églises internationales n'attendent absolument pas de leurs propres membres qu'ils soutiennent le ministère dont ils bénéficient (comme le commande Ga 6.6). Cela soulève des questions théologiques. Mais il est évident que ces projets ont besoin d'être financés pour être mis en place. Bien que certains chrétiens n'adhèrent pas à l'idée que des espaces de rencontre soient construits spécialement pour accueillir des Églises, dans certains pays, on attend ou même exige des expatriés qu'ils construisent de tels lieux de rencontre ; soutenir ce genre de projets peut donc être un investissement utile. Les pasteurs devraient être plus nombreux à employer leurs dons dans de telles Églises. Toutefois, cette manière de servir n'est pas réservée seulement aux pasteurs et prédicateurs. Des chrétiens mûrs peuvent utiliser leur emploi pour déménager et accompagner d'autres personnes dans ce travail d'évangélisation. Les possibilités sont innombrables.

Quel que soit l'endroit, une bonne Église est un atout. Et ce que l'on trouve de meilleur dans une bonne Église internationale est commun à toutes les Églises fidèles. Dieu s'est engagé à utiliser les rassemblements de son peuple en tout lieu pour montrer au monde entier la sagesse de son plan pour l'Évangile (Ép 3.10). Une sorte de gloire particulière se dégage d'une Église sérieuse et centrée sur l'Évangile dans un lieu qui, autrement, serait dépourvu de la lumière de l'Évangile. Plus la pièce est sombre, plus la lumière d'une bougie est éclatante. C'est le cas même lorsque l'Église en question ne parle pas la langue locale. Bien que cela ne vaille pas les Églises qui s'enracinent au sein de la population locale, c'est tout de même un début, une aide et un témoignage glorieux.

ATTEINDRE LES NATIONS GRÂCE À VOTRE MÉTIER

Le besoin d'ouvriers

Ces Églises internationales n'ont pas seulement besoin de pasteurs et d'argent. Elles ont besoin de membres fidèles et dévoués à la communion fraternelle et au travail pour atteindre les gens qui les entourent. Alors que l'économie se mondialise de plus en plus, de nombreux chrétiens commencent à prendre conscience du rôle que les migrations et les échanges commerciaux des chrétiens ont joué dans la diffusion de l'Évangile. Cela a commencé avec les réfugiés dispersés à cause des persécutions relatées dans Actes 8.4, qui annonçaient la bonne nouvelle de la Parole au cours de leurs déplacements. Les chrétiens ont contribué à répandre l'Évangile au fil de leur vie quotidienne, y compris lors de voyages ou de migrations. Ce modèle du Nouveau Testament s'est perpétué grâce aux commerçants de la route de la soie, aux marchands qui se rendaient en Inde, aux ouvriers en partance pour l'Amérique du Sud et aux employés modernes des multinationales. Depuis des siècles, les chrétiens répandent l'Évangile grâce à d'autres facteurs comme leur emploi qui les ont fait voyager dans le monde entier.

Pour la plupart, nous travaillons environ quarante heures par semaine, indépendamment de notre lieu de résidence. Et nous allons, pour la plupart, rencontrer nos voisins. Nous faisons toujours nos courses aux mêmes endroits et nous apprenons à connaître les gens qui y travaillent. Nos enfants se font des amis à l'école, et nous rencontrons leurs parents. Nous déjeunons avec des collègues ou des clients. Peu importe où nous vivons, nos vies contiennent beaucoup de ces composantes. Imaginez donc qu'au lieu de faire ces choses où il y a peut-être déjà des milliers de chrétiens, vous faisiez tout cela dans un endroit où la plupart des gens n'ont jamais rencontré un chrétien ou entendu l'Évangile. Et si vous viviez dans une ville à 95 % musulmane ou à 95 % hindoue ? Quelles nouvelles opportunités d'évangélisation pourraient se présenter à vous ?

Oui, Dieu le Saint-Esprit a choisi de concentrer les efforts de l'Église sur la formation, l'envoi et le soutien des missionnaires envoyés « pour la cause de Jésus-Christ ». C'est peut-être la raison pour laquelle le livre des Actes ne mentionne que brièvement l'impact de l'évangélisation chrétienne effectuée au cours des voyages de la vie quotidienne et se concentre presque exclusivement sur l'œuvre de Dieu accomplie par l'intermédiaire des apôtres et autres missionnaires envoyés par les Églises. Toutefois, ce n'est pas parce qu'un acteur n'occupe pas le rôle principal sur la scène missionnaire de Dieu qu'il n'a pas de rôle important à jouer. Implanter sa vie et sa carrière dans un endroit stratégique pour partager l'Évangile parmi les nations peut être une très bonne idée et un bon moyen de soutenir la mission mondiale.

Le soutien dans l'implantation d'Églises pionnières

Il y aura toujours un besoin pour des missionnaires soutenus et envoyés par des Églises locales obéissantes. Ce besoin est particulièrement important dans les régions pionnières où l'apprentissage d'une langue dans une nouvelle culture est une activité à plein temps en soi. Notez toutefois combien les missionnaires pionniers pourraient être aidés si plusieurs familles de chrétiens mûrs venaient vivre et exercer leur métier dans leur ville afin de les aider et les encourager. L'un des plus grands besoins des missionnaires pionniers est l'encouragement spirituel. Par définition, ils se retrouvent dans des endroits où il y a peu, voire pas du tout, de chrétiens.

Et si des chrétiens mûrs s'engageaient envers ces missionnaires et formaient avec eux une Église ? Et s'ils commençaient à inviter des missionnaires dans leur réseau de relations professionnelles ? Et s'ils apportaient un soutien, aidaient à répondre aux besoins des familles et même encourageaient les nouveaux croyants, si la langue le permettait ? Fournir ce type de communauté et de soutien est un projet difficile et coûteux, mais il peut apporter une aide vitale aux missionnaires pionniers. Il faut toutefois noter qu'il s'agit d'un travail assez particulier qui ne conviendra probablement pas à la plupart des chrétiens qui ont un emploi séculier.

Construire sur des fondations existantes

Pour la plupart des chrétiens, une meilleure option consiste à rejoindre et à soutenir le travail d'une Église d'expatriés déjà établie. Comme c'est le cas dans leur pays d'origine, une Église établie leur fournit un contexte et un cadre pour leur vie chrétienne. Nous avons pratiquement tous besoin de ce type de communauté et de cadre pour nous épanouir en tant que chrétiens. C'est pourquoi Christ a établi son Église et nous avertit de ne jamais cesser de nous rassembler avec une assemblée locale (Hé 10.25). Vivre à l'étranger n'altère pas ce besoin et n'efface pas le commandement de Dieu. Évidemment, vous avez besoin d'une Église qui utilise une langue que vous comprenez bien.

Pour beaucoup, il s'agira probablement d'une Église d'expatriés qui parle une autre langue que la langue locale.

Si vous faisiez partie d'une Église locale d'expatriés dont le but est d'être le sel et la lumière dans une communauté, imaginez combien vos efforts seraient décuplés ! Vous n'avez peut-être pas le temps et les opportunités d'un missionnaire à plein temps, mais tout le monde n'est pas fait pour être missionnaire à plein temps. Toutefois, la plupart des chrétiens sont destinés à travailler, à vivre et à aimer en tant que membres fidèles d'une Église locale. Ne vaut-il pas la peine d'envisager la possibilité de vivre cela dans un endroit où il y a moins de chrétiens ?

CONCLUSION

Que nous vivions dans notre pays natal ou à l'autre bout du monde, que nous soyons dans un ministère à plein temps ou que nous subvenions à nos besoins grâce à un emploi séculier, Dieu a placé les nations à notre porte. À bien des égards, il n'a jamais été aussi facile d'atteindre personnellement les autres peuples avec l'Évangile. Que Dieu nous donne l'audace, la sagesse et la créativité pour réfléchir aux moyens de répondre à sa bonté, afin qu'à travers nous et nos Églises, même les îles lointaines puissent chanter de joie (És 42).

CONCLUSION

Faire un pas vers les nations

J'ai commencé ce livre en relatant l'histoire de Beth et la fameuse réunion du comité de mission dysfonctionnel de son Église. Vous avez peut-être aperçu le reflet de votre propre Église dans certains défis auxquels l'assemblée de Beth était confrontée. Peut-être que les membres de votre Église confondent les bonnes œuvres avec la mission évangélique, prônent les voyages à court terme surtout pour leur enrichissement personnel, ou cherchent sans arrêt des raccourcis pour rendre les missions faciles et rapides. Vous êtes peut-être dans une assemblée où les membres ne connaissent pas la véritable mission de l'Église ni la manière de la réaliser et à qui elle est destinée.

Si les idées contenues dans ce petit livre vous paraissent sages et bibliques, il ne vous reste plus qu'à planifier les prochaines étapes. Pour vous aider, permettez-moi de résumer quelques points clés.

1. *Les dirigeants doivent diriger.* Tout commence avec les responsables de votre Église. C'est merveilleux lorsqu'un ou deux membres adoptent une perspective biblique de la mission. Mais en général, la situation commence à s'améliorer lorsque les responsables se mettent à conduire l'Église dans une

direction plus saine. Si vous êtes un dirigeant de votre Église, commencez à diriger. Enseignez les implications missionnaires de l'Évangile chaque fois qu'elles apparaissent dans le texte biblique. Distribuez de bons livres sur le thème de la mission aux membres de votre Église. Dirigez avec détermination, mais aussi avec douceur et beaucoup de patience. Présentez votre Église à des missionnaires fidèles. Envisagez la possibilité de vous rendre vous-même à l'étranger pour soutenir leur travail. Souvent, rien n'en dit plus long à une assemblée sur l'importance de la mission et sur la valeur de certains missionnaires qu'un pasteur qui y investit son temps et son énergie.

2. *Chaque membre peut aider.* Même si vous êtes un membre sans rôle officiel dans la direction de l'Église, vous pouvez tout de même œuvrer en encourageant votre assemblée à s'impliquer dans la mission. Vous devez cependant être prudent. Avant toute chose, parlez à votre pasteur, aux anciens ou aux responsables de la mission. Proposez-leur de lire votre exemplaire de ce livre avant la discussion. Agissez avec patience et sagesse. Nous ne devons jamais laisser Satan utiliser notre enthousiasme, même pour les bonnes œuvres, comme un moyen d'affecter l'unité d'une Église. Prenez votre temps, et assurez-vous que les responsables de votre Église soient avec vous. Et de grâce, priez. Demandez à Dieu d'aider votre Église à adopter une vision biblique plus large de la mission mondiale. Il est un Dieu bon, et il aime répondre aux prières pour aider ses Églises.

3. *Enseigner une vision biblique du monde.* La meilleure manière de changer la façon dont une Église accomplit sa mission n'est pas de faire des décrets, mais d'enseigner. Œuvrez pour changer la vision du monde de votre assemblée, en vous assurant tout d'abord que vos membres comprennent clairement l'Évangile et qu'ils l'aiment. Ensuite, travaillez à ce qu'ils adoptent une vision mondiale de la mission. Parlez de la mission spéciale de l'Église qui consiste à garder l'Évangile et à l'annoncer à tous les peuples. Aidez les membres à comprendre le rôle de l'implantation d'Églises. Enseignez-leur que Dieu a le contrôle sur toutes choses et qu'il est fidèle. Une bonne compréhension du rôle décisif de Dieu dans le salut est le meilleur point de départ pour aider une Église à distinguer une approche fidèle d'une approche infidèle de la mission.

4. *Investir dans des relations à long terme.* Commencez à investir dans des relations à long terme à l'étranger avec des personnes en qui vous avez confiance et que vous respectez. Par l'intermédiaire de votre réseau d'Églises, renseignez-vous sur les ministères ou les missionnaires fidèles qu'elles soutiennent, puis cherchez des moyens de les encourager et de les aider dans leur travail. Invitez quelques missionnaires fidèles à passer du temps avec votre Église. Vous pouvez aussi leur rendre visite pour les aider à réaliser un projet ou simplement pour découvrir leur travail. Soyez patient. Construisez lentement et fidèlement, mais sans attendre.

5. *Résister à la tentation des résultats immédiats.* Lorsque vous investissez dans des relations à long terme et évaluez le travail, résistez à l'attraction des résultats immédiatement visibles. Réfléchissez bien à la manière d'évaluer les missionnaires que vous soutenez. Basez votre évaluation sur des relations qui vous permettent de connaître la fidélité et la sagesse de ceux que vous aidez. Si ces éléments sont déjà en place, persévérez. Encouragez les ouvriers qui travaillent d'arrache-pied dans des sols durs. Continuez à prier pour eux et avec eux. N'oubliez pas qu'ils désirent ardemment voir des fruits visibles, des personnes converties, des Églises, et voir Christ être glorifié dans leurs villes. Ne leur ajoutez pas plus de pression en leur exprimant votre désir de voir de gros chiffres. Lorsque vous donnez de l'argent, ne vous contentez pas de l'envoyer aux groupes qui affichent les résultats les plus impressionnants. Apprenez à connaître les missionnaires et les ministères, cherchez ceux qui sont fidèles à l'Évangile, puis soutenez-les le plus possible.

6. *Agir avec confiance, mais sans attendre.* Enfin, lorsque nous nous engageons et travaillons dans l'œuvre missionnaire, nous devons vivre à la fois dans la confiance et dans l'urgence. Nous devons agir sans attendre, parce que le péché est réel et que l'enfer est grave. Et nous devons être confiants, car Dieu est si bon et le ciel est si glorieux. Pourquoi traîner les pieds alors que nous sommes sur le chemin de la célébration de la victoire ?

Nous devons rester confiants, car nous savons que la mission n'échouera pas. Nous pouvons échouer dans notre fidélité, mais Dieu n'échouera pas dans sa mission. Christ *aura* les nations pour héritage. La spéculation frénétique et la culpabilité sont de faibles motivations en comparaison avec la vérité du plan invincible de Dieu pour sauver chaque enfant pour lequel Christ est mort. Christ ne perdra aucun de ceux que le Père lui a donnés, et Dieu a choisi de nous utiliser – dans d'innombrables Églises locales – comme les agents du triomphe de son Évangile.

NOTES

Dédicace

1. J. H. Bavinck, *An Introduction to the Science of Missions* [Introduction à la science de la mission], trad. libre, Philadelphie, Presbyterian and Reformed, 1960, p. 5.

Préface

1. George F. Pentecost, cité dans John M. Moore, « The Presentation of Missions from the Pulpit », dans *Missions* [« Présenter la mission depuis la chaire », dans La Mission], trad. libre, 6, nos 7-8, 1915, p. 613.

Chapitre 1 : Le fondement biblique de la mission

1. John Piper, publication sur Twitter, 23 janvier 2011 (13 h), < https://twitter.com/JohnPiper >, trad. libre.
2. Voir par exemple, Robert D. Putnam, « What's So Darned Special about Church Friends? », *Altruism, Morality and Social Solidarity Forum* [« Qu'est-ce qui est si spécial des amis d'Église », dans Forum sur l'altruisme, la moralité et la solidarité], American Sociological Association, 3, n° 2, 2012, 1, p. 19-21.

3. Robert Woodberry, « The Missionary Roots of Liberal Democracy », dans *American Political Science Review* [« Les racines missionnaires de la démocratie libérale », dans Revue américaine de sciences politiques], 106, n° 2, 2012, p. 244-274.

Chapitre 2 : Établir des priorités

1. Stephen Neill, *Creative Tension* [Tension créative], trad. libre, Londres, Edinburgh House, 1959, p. 81.

Chapitre 4 : Remettre la maison en ordre

1. Charles Bridges, *The Christian Ministry* [Le ministère chrétien], trad. libre, Londres, Banner of Truth, 1958, p. 75.

Chapitre 5 : Des partenariats missionnaires sains

1. Ce chapitre est partiellement adapté d'un article publié précédemment par 9Marks : Andy Johnson, « Missions Partnerships from the Home Church's Perspective », *9Marks*, 26 février 2010, < https://9marks.org/article/missions-partnerships-home-churchs-perspective/ > (page consultée le 12 novembre 2020).
2. Bill Turpie, éd., *Ten Great Preachers: Messages and Interviews* [Dix grands prédicateurs : Messages et entrevues], trad. libre, Grand Rapids, Mich., Baker, 2000, p. 117.

Chapitre 6 : Réformer les missions à court terme

1. Don Fanning, « Short Term Missions: A Trend That Is Growing Exponentially », dans *Trends and Issues in Missions* [« Les missions à court terme : une tendance exponentiellement à la hausse », dans Tendances et enjeux de la mission], 4, 2009, < http://digitalcommons.liberty.edu/cgm_missions/4/ >(page consultée le 12 novembre 2020). Fanning rapporte que les missions à court terme ont augmenté d'environ 8000 % depuis 1980, passant de vingt mille à 1,6 million. Les missions à long terme ont augmenté d'environ 10 % au cours de la même période.
2. J. Mack et Leeann Stiles, *Mack and Leeann's Guide to Short-Term Missions*, Downers Grove, Ill., InterVarsity Press, 2000.

Chapitre 7 : Atteindre les nations par d'autres moyens

1. Kate Shellnutt, « Houston among the Top 10 Muslim Cities in U.S. », dans *Houston Chronicle* [« Houston est dans le top 10 des villes musulmanes aux États-Unis », dans Chroniques de Houston], 12 août 2010, < http://blog.chron.com/believeitornot/2010/08/houston-among-the-top-10-muslim-cities-in-u-s/ > (page consultée le 12 novembre 2020).
2. « Total U.S. Indian American Population » [La population totale d'Indiens américains aux États-Unis], Pew Research Center, < https://www.pewsocialtrends.org/2012/06/19/the-rise-of-asian-americans/#indian%C2%A0%CB%83. > (page consultée le 12 novembre 2020).

INDEX DES SUJETS

action sociale, 31, 46
adoption, 45
amour, 113
  à l'égard de missionnaires spécifiques, 101
  du prochain, 32
  pour Dieu, 32
Antioche, Église d', 21
argent, digne de confiance avec l', 57

baptême, 36
Barnabas, 21, 73
Bible, la
  connaissance de, 59-62
  manière d'aborder la mission, 37-39
  suffisance de, 27, 39
bon dirigeant, 104-107, 155-156
bonnes œuvres, 31
Bridges, Charles, 97

chiffres, dans la mission, 91-92
colère de Dieu, 30, 44
comité dédié à la mission, 110
communication avec les missionnaires, 70-71, 80
compétences linguistiques et culturelles, des missionnaires à court terme, 120
confiance, 100-101, 113, 158-159

délégation ou abdication des responsabilités, 67
Dieu
  en tant que Dieu missionnaire, 104-105
  n'échouera pas dans sa mission, 159
Diotrèphe, 54

économie qui se mondialise, 24, 149

Église
coopération dans la mission, 36
marques d'une, 88
voir aussi Église locale
Église locale
coopération dans la mission, 51
et la mission mondiale, 20-21
et le Grand Mandat, 35
responsabilité dans la mission, 36, 39, 68, 70-77
Églises internationales d'expatriés, 141-149
pression interculturelle dans les, 147-148
s'engager dans des, 146
soutenir les, 148-149
unité dans les, 145-146
épiceries ethniques, 136
épuisement, dans les missions à court terme, 127
équipiers, 75-76
esprit de service, 102-104
évaluation des fruits, 58-59, 109
évangélisation, 46
Évangile, 43-46
et les missions à court terme, 119-120
exprimer clairement, 88
intendance de, 31
excellence, dans la mission, 108
expérience internationale, 64

faire des disciples, 35-36, 38, 62
faux enseignement, 86, 91
fidélité, 92, 95-98, 109-110
flexibilité, dans les voyages de courte durée, 127
formation théologique, des missionnaires, 59

Gaïus, 50-53
gloire de Dieu, dans les missions à court terme, 126-130
Grand Mandat, 27, 35, 107, 133
« groupe de lecture missionnaire », 63
groupes ethniques, aux États-Unis, 135

hérésie, 60
hindous, aux États-Unis, 135, 140
hospitalité
  à l'égard des étrangers, 139
  à l'égard des missionnaires, 74-75, 90
humilité, 100-101, 102, 113
  dans les missions à court terme, 124, 126, 127, 128

implantation d'Églises, 38, 83, 93
implantation d'Églises pionnières, 83-87, 151-152
International Mission Board (Southern Baptist Convention), 69

Jean, apôtre, 50-53
Jésus-Christ, vie, mort et résurrection de, 44
joie de l'Évangile, 42
Judson, Adoniram, 115

membres de l'Église
  encourager la mission, 156
  vie de, 61-62
méthode, 83, 96, 121
  d'implantation d'Églises, 93
  pour les missionnaires à court terme, 121
ministère de la foi, 66
mission, la
  avant tout spirituelle, 30-33, 39
  définition historique et traditionnelle de, 46
  et la gloire de Dieu, 33-35, 38-39, 53
  la passion pour, 42
  les moyens de, 37
  souci de la part de chaque chrétien pour, 27
  soutenir, 50-53
  urgence de, 55
missions à court terme, 24, 74, 104, 109
  coût des, 119
  être peu demandant, 129
  et vision à long terme, 123-125
  objectif des, 122

pour soutenir les partenaires à long terme, 111-112
réformer les, 115-131
mission à l'échelle locale, 19-20
mission comme une entreprise à vocation missionnaire, 24
mission de l'Église, confusion sur la, 23
mission mondiale, 20-22
missionnaires
caractère des, 38, 57-58
connus de l'ensemble de l'Église, 108
dans des Églises établies, 86
encouragement pastoral des, 73
équiper les, 60-65
et les missions à court terme, 119, 127
évaluation des, 53-60, 87-90
formation des, 52, 59
pratique personnelle des, 87
recrutement des, 76
repos et ressourcement des, 75
responsabilité des, 52, 76
soutien financier des, 51-52, 65-67, 80
théologie personnelle des, 87
usage traditionnel et historique du terme, 46-47
« missionnaires protestants dont l'objectif est de convertir », 31
multinationales, 150
musulmans
évangélisation des, 93-95

nations, à notre porte, 135, 153
Neill, Stephen, 47

organismes extérieurs à l'Église, 57, 68, 113
organismes missionnaires, 67-70

paix avec Dieu, 45
pardon, 44
partenariats, 76, 99-113
partenariats incluant l'assemblée, 110-111
pasteur, bon dirigeant dans la mission, 104-107

patience
avec les étrangers internationaux, 139-140
dans la mission, 92
dans les missions à court terme, 129-130
Paul
et l'Église d'Antioche, 21, 117
et les relations, 73
implanteur d'Églises pionnières, 83-86
voyages missionnaires de, 116-118
Pentecost, George, 19
piété, 62
piétisme, 66
Piper, John, 30
population non atteinte, 83-87
pragmatisme, 103
prédication, 104-105
prière, 105-106, 110-111, 137
proclamation de l'Évangile, 30, 35, 38, 120
profond désir, de voir le Christ glorifié, 25, 62
provincialisme, 106
Putnam, Robert, 31
recherches, 136-137
récolte, 97
relations, 80-81, 83, 107-109, 113
relations à long terme, avec des missionnaires, 157
renforcement des Églises, 82, 83, 85, 86
réseaux sociaux, 64
ressortissants étrangers, atteindre les, 65, 134-140
résultats, tentation des, 91-93, 158
route de la soie, 150

service, dans les missions à court terme, 128-129
souffrance éternelle, 30, 32
Stott, John, 106
syncrétisme, 60

toute langue, toute tribu, tout peuple et toute nation, 37

vision à long terme, 111-112
et les missions à court terme, 123-125
vision biblique du monde, 157

vision mondiale de la mission, 157
visites pastorales, aux missionnaires, 71-73, 80
Woodberry, Robert, 31

zèle ou folie, 79
zèle pour l'Évangile, 62

INDEX DES RÉFÉRENCES BIBLIQUES

Genèse

12.2,3 105

Exode

6.5-8 38

Psaumes

115.3 128

Ésaïe

19.19-25 105

42 153

48.9-11 34

56......................................38

Ézéchiel

37.1-14.............................101

Matthieu

4.4....................................101

9.38...................................55

16.23.................................98

18.17 146

18.18-20 ...., 38133

28.......................................35

28.18-20............17, 27, 35, 38

28.19,20.............................32

Luc

10.2....................................55

Jean

10.11 128

10.16 126

Actes

2.41....................................36

6 147
8.4 .... 51, 150
13 21
13.3 36
14.1-23 85
15 54
15.36 73
15.41 36
16.1-3 38
17 30
18.8 85
19 85
20 85
20.1,2 117
20.5-7 117

Romains

5.8 46
8.1-11 39
10.14,15 38
10.17 38
15.7-13 38
15.8-10 126
15.20,21 83

2 Corinthiens

8.23 38

Galates

6.6 148

Éphésiens

3.8-11 38
3.10 .... 36, 149
4.13,15 17

Philippiens

1.5 113
1.8 113
2.1-11 101
2.8 126
4.10-20 101
4.15,16 36
4.20 113

Colossiens

4.2-4 38

1 Thessaloniciens

5.11 38

1 Timothée

1.3,4 85
1.15 33
3.1-7 57

4.16 ... 59

2 Timothée

4.1,2 ... 92

4.1-3 ... 101

4.1-5 ... 38

Tite

1.5 ... 36, 85

1.5-9 ... 57

1.9 ... 59

3.13 ... 53

Hébreux

10.19-25 ... 39

10.24,25 ... 36

10.25 ... 85, 143, 152

Jacques

3.1 ... 47

4.13 ... 51

1 Pierre

4.10 ... 17

5.5 ... 101, 102

2 Jean

1.10 ... 76

3 Jean

1.1-8 ... 36, 38, 50

1.3 ... 50, 51

1.5 ... 50, 51

1.5-8 ... 128

1.6 ... 52

1.6-8 ... 51

1.7 ... 51, 133

1.7,8 ... 53

1.8 ... 24, 50, 74, 76

Jude

1.20,21 ... 17

Apocalypse

5.9 ... 126

7.9,10 ... 33, 38, 39, 105

À propos d'Évangile 21

Évangile 21 rassemble des pasteurs et des responsables chrétiens profondément décidés à renouveler leur foi dans l'Évangile du Christ et à repenser concrètement leurs pratiques et leurs ministères en vue de les conformer aux Écritures.

Nous voulons :

- apporter réconfort, encouragement et enseignement aux responsables de l'Église d'aujourd'hui et de demain afin qu'ils soient mieux équipés pour nourrir leurs ministères de principes et de pratiques qui glorifient le Sauveur et procurent du bien à ceux pour lesquels il a versé son sang.
- défendre cet Évangile avec clarté, compassion, courage et joie, unissant joyeusement notre cœur à celui des autres croyants par-delà les barrières confessionnelles, ethniques et sociales.
- promouvoir dans l'Église un élan unificateur, un zèle pour honorer le Christ et multiplier le nombre de ses disciples, les rassemblant autour de Jésus au sein d'un mouvement authentique et dynamique. Une telle

mission, fondée sur la Bible et centrée sur la personne de Christ, est le seul avenir viable pour l'Église.

- servir l'Église que nous aimons en invitant tous nos frères et sœurs à se joindre à nous dans cet effort refondateur de l'Église contemporaine sur la base de l'Évangile historique de Jésus-Christ, de sorte que notre vie et nos discours soient pleinement authentiques et intelligibles pour les gens de notre époque.
- travailler ardemment avec tous ceux qui acceptent la Confession de foi (disponible sur le site Internet), et soumettent l'ensemble de leur vie à la seigneurie du Christ, avec une confiance inébranlable dans la puissance de l'Esprit pour transformer les personnes, les peuples et les cultures.

Les moyens d'action

Évangile 21 se veut un lieu de ressources centré sur l'Évangile pour les pasteurs et les responsables chrétiens. Nous agissons à travers :

- des séminaires
- un site Internet : www.evangile21.com
- la publication d'ouvrages de référence
- un site Internet pour les jeunes : www.larebellution.com
- un site Internet consacré à la louange dans l'Église : www.hymnes21.com

Votre Église est-elle en bonne santé ?

> *Le ministère de 9Marks existe pour donner une vision biblique et des ressources pratiques aux dirigeants d'Église dans le but de manifester la gloire de Dieu aux nations par l'entremise d'Églises en bonne santé.*

À cette fin, le ministère 9Marks désire aider les croyants à identifier les neuf traits essentiels d'une Église en bonne santé :

1. une prédication qui expose toute la Bible de manière systématique ;
2. une théologie biblique ;
3. une compréhension biblique de l'Évangile ;
4. une compréhension biblique de la conversion ;
5. une compréhension biblique de l'Évangélisation ;
6. une compréhension biblique de ce qu'est un membre de l'Église ;
7. une compréhension biblique de la discipline dans l'Église ;
8. une compréhension biblique de l'encadrement des disciples ;
9. une compréhension biblique de la direction d'une Église.

Chez 9Marks, nous produisons des articles, des livres, des critiques de livres et un journal en ligne. Nous organisons des conférences, enregistrons des interviews et produisons d'autres ressources pour équiper les Églises afin qu'elles puissent faire rayonner la gloire de Dieu.

Visitez notre site Web pour trouver du contenu dans plus de 30 langues et inscrivez-vous pour recevoir notre journal en ligne gratuit.

www.9marks.org

Publications Chrétiennes est une maison d'édition évangélique qui publie et diffuse des livres pour aider l'Église dans sa mission parmi les francophones. Ses livres encouragent la croissance spirituelle en Jésus-Christ, en présentant la Parole de Dieu dans toute sa richesse, ainsi qu'en démontrant la pertinence du message de l'Évangile pour notre culture contemporaine.

Nos livres sont publiés sous six différentes marques éditoriales qui nous permettent d'accomplir notre mission :

Nous tenons également un blogue qui offre des ressources gratuites dans le but d'encourager les chrétiens francophones du monde entier à approfondir leur relation avec Dieu et à rester centrés sur l'Évangile.

reveniralevangile.com

Procurez-vous nos livres en ligne ou dans la plupart des librairies chrétiennes.

pubchret.org | XL6.com | maisonbible.net | amazon

Made in United States
Orlando, FL
10 September 2024

51353130R00100